ROMAN
DE
MERLIN
TOME SECOND.

LE ROMAN DE MERLIN L'ENCHANTEUR.

Remis en bon Français et dans un meilleur ordre, par M. S. BOULARD.

TOME SECOND.

PARIS,

Chez BOULARD, Imprimeur-Libraire, Petite rue Saint-Louis, près la Rue Saint-Honoré, N°. 145.

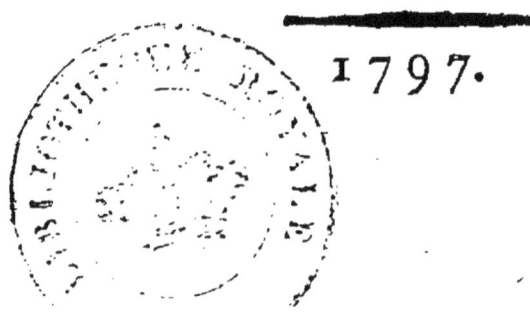

1797.

LE ROMAN DE MERLIN L'ENCHANTEUR

CHAPITRE PREMIER.

Départ de Merlin pour les Gaules, rencontre de la belle Viviane, ses amours avec cette jeuné personne; ce que c'étoit que Viviane. Prodiges qu'il opère pour lui plaire. Son départ.

Les absences de Merlin, pour les différens services qu'il avoit rendus, avoient été de si courte durée, que personne ne s'en étoit apperçu : mais une affaire bien plus important, exigeoit sa présence en d'autres lieux, il crut devoir en prévenir Artus et ses compagnons.

« Mes bons amis, leur dit-il, je
» suis obligé de me séparer de
» vous, votre propre intérêt me
» le prescrit. Les ennemis ont pro-
» fité de votre abscence pour faire
» des ravages dans vos états. D'un
» côté les Sesnes attaquent la gran-
» de-Bretagne, et y ont fait des
» progrès, qui eussent été bien
» plus rapides, sans le secours de
» six damoiseaux, que le désir
» d'être faits Chevaliers de votre
» main, a conduit dans vos états.
» Ces jeunes gens, dont cinq sont
» vos neveux, fils du Roi Loth,

» et de celui de Garlot, dont la
» mère étoit votre sœur ; le sixiè-
» me est Sagremor, fils de l'Em-
» pereur d'Orient. D'un autre
» côté, le Roi Claudas a profité
» de votre éloignement pour re-
» nouveller la guerre ; mais j'y
» mettrai bon ordre. Il est donc
» nécessaire que je m'absente pour
» quelque temps. »

Ah! mon cher Merlin, s'écrièrent en même-temps les trois Rois,
pourquoi nous abandonner, et qui
nous assurera de votre retour. —
Ma parole, reprit Merlin, d'un
air sévère ; elle est inviolable, et
si vous pouviez en douter, vous
perdriez aussi-tôt mon amitié.

Ils l'embrassèrent tendrement,
en le priant de leur pardonner
cette légère faute, qu'un excès
d'amitié avoit pu seul leur faire

commettre, et il partit au même instant.

Jusqu'ici nous n'avons vu dans ce Sage, que l'homme impassible aux passions humaines, indulgent à la vérité, pour les foiblesses des autres, mais sévère pour lui-même; protégeant les Souverains, faisant tout pour leur gloire et pour le bonheur des peuples. Bien-tôt la scène va changer ; tous les défauts, tous les vices même, attachés à l'espèce humaine le maîtriseront ; c'est au milieu du contraste le plus frappant, des grandes vertus et des grands défauts, que nous allons le suivre.

Blaise, qu il appelle son bon maître, étoit le seul auquel il se montrât tel qu'il étoit. C'étoit lui qu'il avoit choisi pour son historien, et qu'il avoit rendu le dépositaire de ses prophéties : c'étoit lui enfin avec lequel il venoit se délasser de ses travaux politiques. Il préféroit sa solitude et sa nourriture frugale, au luxe et aux lambris dorés des Rois.

C'étoit-là, qu'il méditoit sur le sort des Empires, qu'il sondoit les profondeurs de l'avenir, et qu'il alloit au-devant des malheurs qui les ménaçoient.

Deux contrées excitoient particulièrement sa sollicitude ; la grande-Bretagne, où regnoit Artus, et la Bloë-Bretagne, située dans les Gaules, soumises aux Rois Ban et Boort. Les Sesnes attaquoient la première, mais ce n'étoit pas des ennemis assez redoutables pour craindre de ne pouvoir les en chasser lorsqu'on voudroit ; ce n'étoit à proprement parler qu'une horde de brigands. Des dangers bien plus sérieux menaçoient la Bloë-Bretague. Claudas, cet enennemi déjà vaincu et dépouillé en partie par les deux Rois, avoit bien vu que seul il ne pouvoit résister à leur puissance ; c'est pour cela qu'il avoit cherché des alliés de tous les côtés. Il avoit engagé dans sa querelle le Roi des Gaules, il avoit reçu des troupes d'un Duc Allemand, il avoit poussé ses négociations jusqu'à Rome, où il avoit obtenu du grand Jules César, un secours puissant.

C'étoit pour défendre ses amis, et les préserver d'une aussi puissante attaque, que l'Enchanteur avoit entrepris ce voyage. Son premier soin fut de prévenir Léonces, chargé du gouveruement pendant l'absence de ses maîtres, du danger qui le menaçoit, concerter avec lui, le plan de défense, et le prévenir de la marche des secours qu'il devoit lui procurer, et du moment où il les recevroit.

Bien-tôt Merlin, devoit être attaché à cette contrée par des liens plus chers que ceux de la simple politique ; l'amour alloit régner sur son cœur. Il ne l'ignoroit pas, plusieurs fois il en avoit entretenu son maître Blaise; et ce qu'il y avoit pour lui de plus cruel, c'est qu'il savoit que cet amour devoit le conduire à sa perte : mais tel est l'empire de la destinée, qu'il ne pouvoit l'éviter par aucun moyen; la manière dont tout cela devoir arriver, étoit un secret impénénétrable pour lui.

Il traversoit une vaste forêt,

qui faisoit la limite des états du Roi Boors, vers les confins de la Bourgogne, lorsqu'une fontaine charmante, située au milieu d'un bosquet, qui occupoit le centre d'un joli gazon, l'invita à s'y reposer quelques instans.

Un moment après, il vit s'avancer vers le même lieu, une jeune personne, plus jolie qu'une nymphe des bois, âgée de quinze ans, qui venoit en chantant et en folatrant, s'asseoir au même lieu.

Il se retira à quelque pas, pour la contempler à son aise, et il avala à longs traits l'amour qu'il puisoit dans ses yeux, et qui s'insinuoit dans son cœur. Dès cet instant, tout autre desir céda à celui de lui plaire. Pour y réussir, il prit la figure d'un jeune adolescent, à-peu-près de son âge, et s'approchant d'elle avec respect;

jeune beauté, lui dit-il, oh ! combien est heureux le pays qui vous possède, combien devra s'estimer heureux, qui touchera votre cœur !

Viviane fut étonnée de voir aussi près d'elle un homme qu'elle n'avoit pas encore apperçu. Jeune homme, lui dit-elle, cédant à un mouvement irrésistible, qui êtes-vous, d'où venez-vous, pourquoi vous trouvez-vous dans ce lieu solitaire ?

« *Belle Pucelle*, repliqua-t-il, *je suis un jeune varlet*, qui a perdu
» son maître, et qui le cherche
» par monts et par vaux ; j'ai
» bien sujet de le regretter,
» car les sciences qu'il m'ensei-
» gnoit, sont d'une telle impor-
» tance, que je donnerois tout au
» monde, pour m'y perfection-
» ner. »

Eh ! que vous apprenoit-il donc de si merveilleux, reprit Viviane, pour que vous le regrettiez autant, est-ce un secret dont vous ne puissiez me faire part. — Pardonnez-moi, *belle amie*, je sens que je ne peux rien avoir de caché pour vous. Il me montroit, comment d'un lien désert, d'une solitude affreuse, on pouvoit faire un séjour délicieux, y forcer la nature à produire des fleurs et des fruits, s'y procurer une nombreuse compagnie ; traverser la mer à pied sec, en calmer les flots irrités, ou les émouvoir à son gré. — Ah Dieux, que tout cela doit être charmant; je vous pardonne de regretter un tel homme ; pour moi, si la fortune me procuroit pour amant, un être aussi admirable, il pourroit compter sur ma reconnoissance et sur un attachement inviolable. Ah de grace, si vous possédez quelqu'un de ces jolis secrets, faites-en l'expérience devant moi... mais pourquoi rester debout, vous êtes sûrement fatigué, venez prendre place à mes côtés, là, tout auprès de moi... aimable jeune homme, ne craignez pas de m'être incommode. Cette solitude me plaît beaucoup, mais elle est un peu sauvage, ne pourriez-vous pas l'égaïer.... Je vous en conjure au nom de celle qui possède votre cœur.

Adorable personne, reprit Merlin, vos desirs sont pour moi une loi, pourrai-je vous refuser quelque chose, lorsque vous m'en priez au nom de vous-même ; de vous que j'adore, et à laquelle je

jure de rester éternellement fidèle.
— Ah! que dites-vous, *beau doux ami*, reprit Viviane, vous ne me connoissez pas, vous ne m'avez vu qu'un instant.... Je tremble qu'un cœur si facile à s'enflammer, ne se donne pas pour long-temps; cependant, simple comme la fleur des champs, je vous avoue que je desire que vous soyez sincère.

En disant cela, elle détourna la vue; quelle fût son étonnement de ne plus reconnoître le lieu où elle étoit. Tout avoit changé de face et s'étoit embelli. La fontaine se trouvoit renfermée dans un manignifique bassin d'albâtre, enrichi de belles sculptures, et adossée à un perron de la même matière, surmonté d'une figure de l'amour avec tous ses attributs. Les arbres étoient entourés de guirlandes de fleurs, formées par des chevrefeuils et des rosiers. La vue se promenoit avec délices sur une prairie émaillée des plus belles fleurs, qui remplaçoient l'herbe dessechée par la chaleur. De tous côtés, on voyoit bondir des troupeaux de moutons, plus blancs que la neige, et des groupes de bergers et de bergères dansoient au son de la musette, en chantant une chanson dont le refrein étoit *amours se commencent par joye et se finent par douleurs.*

De toutes les paroles de cette chanson, on n'entendoit que le refrein, Merlin lui-même fut inquiet de cette réserve, dont il lui fut impossible de pénétrer le sens; une jolie rivière traversoit en serpentant cette plaine, et sur ses bords, on remarquoit un charmant pavillon, embelli de tout ce que la nature et l'art, produisent de plus précieux.

Le bruit de cette danse et de la musique, parvint bien-tôt jusqu'au château de Dimias, et en attira tous les habitans pour voir d'où elle provenoit; mais personne ne pût franchir la limite qui terminoit la plaine, ils ne pouvoient découvrir ceux qui y étoient, ils n'en étoient que plus surpris du changement qui s'étoit opéré.

Ah! mon cher ami, dit Viviane à Merlin, que je vous ai d'obligations, combien vous devez être puissant; mais tous ces êtres sont fantastiques, ils vont disparoître dans un instant, il ne me restera que le souvenir du plaisir que j'ai ressenti dans ce lieu, et lorsque vous n'y serez plus, il me paroîtra mille fois plus insupportable que ce moment-ci.

Non, ma belle amie, reprit Merlin, il ne changera plus de forme, puisqu'il vous plaît. Tout ce que vous voyez, ne devoit à la vérité avoir qu'une durée éphémère, mais puisque vous le voulez, les choses resteront comme elles sont; ces bocages, cette prairie, et cette fontaine, et tout ce tout ce qui les accompagne, resteront dans le même état, excepté les bergers et les bergères ; lorsqu'on s'aime, les témoins sont de trop ; la plus brillante compagnie ne peut dédommager des douceurs d'un tête-à-tête. En effet, quelques instans, après, toute cette troupe, s'éloigna peu-à-après, et se perdit dans l'épaisseur de la forêt.

Avant de passer outre, il est nécessaire d'expliquer ce qu'étoit cette Viviane à laquelle Merlin resta attaché toute sa vie, et qui fut dans la suite, l'auteur de ses malheurs et de sa mort.

Dimias, père de Viviane, devoit le jour à une faiblesse que la fameuse Diane de Sicile avoit eu pour un Chevalier célèbre de son temps. Cette Diane devoit autant sa réputation à sa beauté, qu'à sa science. Elle avoit trouvé moyen de commander avec l'autorité la plus absolue à toutes les intelligences qui habitent la mer. Elle avoit appris par son art, qu'il existoit un homme, né sans aucun père mortel, qui étoit le plus puissant, et le plus instruit de tous ceux qui respiroient, ce fut sur cette connoissance qu'elle fonda

son

son projet, dont nous allons voir le développement.

Elle ne pouvoit rien demander ni pour elle-même, ni pour un enfant d'un sexe différent, mais elle obtint du Destin, pour la première fille qui naîtroit du mariage de Dimias, un pouvoir absolu sur le premier homme qui tenteroit de lui inspirer de l'amour, sans pouvoir obtenir de faveurs contre son gré ; d'après ce dessein elle n'avoit cessé de veiller sur le cœur de sa petite-fille, elle étoit parvenue à la garantir de toute tentative amoureuse, jusqu'au moment où l'Enchanteur se reposa auprès de la fontaine.... la seule beauté de la jeune personne auroit suffi pour rendre inutiles toutes ces précautions ; Merlin ne put la voir pour l'adorer.

Le temps passe bien vîte auprès de ce qu'on aime, la journée s'étoit écoulée sans qu'aucun des deux s'en fut apperçu. Viviane pressoit son nouvel amant de lui faire part de quelques-unes de ses connoissances, et Merlin ne s'en défendoit, que pour les lui faire valoir davantage, et la rendre moins difficile sur les conditions.

Mon bon ami, lui disoit-elle, m'abandonnerez-vous bien-tôt. — Aujourd'hui même, le Destin le veut ainsi, il ne m'est pas permis de lui désobéir. — Ah cruel, vous m'oublierez, et il ne me restera de cette aventure, qu'un souvenir douloureux.... Si du moins, vous daigniez m'apprendre quelques-uns de vos secrets. — Pouvez-vous craindre qu'on ne vous oublie, lorsqu'on a eu le bonheur de vous voir, et lorsque vous paroissez le redouter comme un malheur. Ah! ne le pensez pas... Et bien, ma bonne amie, vous désirez apprendre quelque chose de moi. Parlez, je n'ai rien à vous refuser ; mais consentirez-vous *à m'accorder le don d'amoureuse merci*, sans cela, il m'est défendu de vous initier dans ces mystères. — Ah ! mon cher Merlin, que me demandez-vous, si vous m'aimez véritablement, mon honneur vous doit être cher, et vous me perderiez, si j'avois pour vous cette foiblesse ; encore si je pouvois le faire légitimement. — Qu'a cela ne tienne, mon adorable Viviane : oui, vous serez ma légitime épouse, aussitôt que vous le requérerez. — Eh bien, j'y consens, recevez cet anneau et ce baiser, comme un gage de ma foi, *je vous établis Seigneur et Maître de toute ma personne sans réserve aucune*, en remplissant les conventions que vous avez faites, mais j'exige que vous juriez par ce qu'il y a de plus sacré pour vous, que vous n'exigerez jamais rien de plus, que de mon plein consentement, et qu'aucune de vos connoissances ne me sera étrangère. A ces conditions, je consens à tout, même à votre départ, puisqu'il est nécessaire, mais fixez le temps de votre retour dans le plus court délai.

Merlin consentit à tous les articles du traité, lui fixa le jour de veille de la Saint-Jean, comme le moment où il viendroit la rejoindre, et prit pour arrhes du marché, un baiser delicieux, que Viviane lui rendit. Oui, ma chère amie, lui dit-il, il est juste, avant de vous quitter, que je vous donne le moyen de vous défendre contre tout homme assez scélérat pour oser vous attaquer ou vous poursuivre : recevez le pouvoir de créer à votre volonté une barrière, qu'aucune puissance humaine ne pourroit traverser sans votre consentement, et celui d'arrêter un homme à la place où il vous plaira, sans qu'il lui soit possible d'en sortir, ni à aucun autre qu'à vous de l'en tirer ; je renonce moi-même à ce droit.

Nous verrons dans la suite que Merlin fut plus exact à tenir parole que Viviane, puisqu'elle se servit de ces connoissances, contre lui. Un moment après il la quitta, et se rendit en Thamelide, où il étoit impatiemment attendu.

CHAPITRE II.

Retour de Merlin en Thamelide, ses avis dans le conseil de Léodagan, victoire emportée sur les ennemis.

Le retour de Merlin répandit la joye dans tout le pays. Léodagan l'estimoit et l'aimoit sans le connoître, à cause des services qu'il en avoit reçus, mais les trois amis l'accablèrent de caresses. Artus lui demanda avec empressement des nouvelles de son royaume, et s'il croyoit que sa présence y fut indispensable.

Pouvez-vous, reprit Merlin, avoir la plus légère inquiétude sur vos possessions, lorsque je les ai prises sous ma sauve-garde; aucune puissance humaine n'est à craindre pour vous. Les Segnes à la vérité ont fait des dégats, mais ils ne sont pas considérables, et comme je vous l'ai déjà dit, vos neveux et Sagremors les ont arrêtés.

Il n'en est pas ainsi des états de Ban et Boors, que le traître Claudas se propose d'attaquer. Il s'est reconnu vassal du Roi des Gaules, et il a engagé dans sa querelle les Allemands et les Romains, mais j'ai pris des précautions, et lorsqu'il en sera temps, nous le ferons repentir de son audace; ainsi vous pouvez vous tranquilliser et rester encore ici quelques jours.

On n'avoit pas perdu de temps à Thamelide, pour former une armée formidable. Elle étoit composée de plus de cinquante mille hommes, parmi lesquels se trouvoient une infinité de Chevaliers de la plus grande réputation. On assembla dès le lendemain, un Conseil extraordinaire, auquel Artus, Merlin, Ban et Boors furent appellés.

« Roi de Thamelide, et vous
» Seigneurs qui m'écoutez, s'é-
» cria Merlin ; c'est moins dans le
» nombre des hommes qui compo-
» sent une armée, que consiste sa
» véritable force, que dans la sa-
» gesse et l'expérience des Géné-
» raux. Ryon occupe un camp
» qu'il a rendu inattaquable par les
» retranchemens dont il l'a fortifié.
» Ses troupes sont nombreuses et

» aguéries; mais il se livre à une
» trop profonde sécurité. Ses sol-
» dats s'amolissent dans l'oisiveté;
» et l'abondance de provisions,
» sur-tout de liqueurs fortes, y
» occasionne un grand relâche-
» ment dans le service. Il ne croit
» pas que nous puissions rassem-
» bler une armée capable de tenir
» la campagne, et bien moins en-
» core de le forcer, dans la posi-
» tion qu'il a choisie; c'est cepen-
» dant le seul parti qu'il y ait à
» prendre.

» Il n'y a dans son campement
» qu'un seul endroit foible, mais
» comme il est inconnu à tout
» le monde, on n'y fait aucune
» garde, et c'est par là que je pré-
» tends le vaincre, vous diviserez
» votre armée en dix corps de cinq
» mille hommes chacun, qui fe-

» ront autant d'attaques pour obli-
» ger les ennemis à partager leur
» attention ; pendant ce temps, je
» pénétrerai dans le camp, à la
» tête de mes compagnons, et des
» Chevaliers de la table ronde, et
» j'espère donner assez d'occupa-
» tion au Roi Ryon, pour que
» vous veniez facilement à bout
» de forcer les retranchemens.

» L'armée marchera sur dix co-
» lonnes par des routes différen-
» tes, et à quelque distance l'une
» de l'autre, de manière que tout
» le monde arrive en même-temp
» au poste qui lui sera indiqué
» chaque corps se fera précé-
» der d'un détachement de trou
» pes légères pour arrêter tou.
» les espions, et empêcher que
» l'ennemi ne reçoive aucun avis. »

Toutes ces mesures furent adoptées par acclamation, et Léodagan, dans les transports de sa reconnoissance, courut embrasser Merlin. Généreux étranger, lui dit-il, combien d'obligations ne vous ai-je pas, et qu'elle pourra être l'étendue de ma reconnoissance, pour équivaloir aux services que vous m'avez rendu. Ah! de grace, ne refusez pas d'y mettre le comble, en m'apprenant le nom de nos généreux défenseurs : vous me le promîtes; jusqu'ici j'ai respecté votre secret, c'est au nom de ce que vous avez de plus cher, c'est par mon amitié pour vous, que je vous conjure de mettre fin à un mystère qui fait mon tourment.

Roi de Thamélide, reprit Merlin, il est douloureux pour nous de ne pouvoir encore répondre à votre invitation. Une loi rigoureuse nous force de voyager inconnus, jusqu'à ce que ce jeune Chevalier, d'une naissance illustre, inspirât assez d'estime à un Souverain, pour lui accorder sa fille sans connoître son nom et sa véritable origine ; votre réputation, celle de votre fille, le desir d'acquérir de la gloire en vous servant contre des ennemis barbares et injustes, nous ont attirés à votre cour ; mais nous ignorons encore, si elle sera le terme de nos courses.

Hélas ! reprit Léodagan, plût à Dieu, qu'il ne tint qu'à moi de mettre une fin à votre recherche. Je n'ai qu'une fille, elle doit hériter de toutes mes possessions ; vous la connoissez, et si les yeux d'un père ne la flattent pas trop, sa figure n'a rien que d'agréable ; quand aux qualités du cœur, elle est modeste, sage et prudente ; elle est capable de faire le bonheur d'un honnête-homme.

En disant ces derniers mots, il sortit avec précipitation, et rentra un moment après, tenant par la main la charmante Genièvre, plus parée encore de sa beauté, que des ornemens et des pierreries dont elle étoit couverte. Un air d'embarras et de modestie, un incarnat que l'action de son père avoit répandu sur ses joues, la rendoient encore plus intéressante et plus jolie.

Chevalier, lui dit-il, en la présentant à Artus, si votre cœur ne s'oppose pas au présent que je vous offre, recevez celui-ci ; c'est ce que je possède de plus précieux dans le monde, puisse-t-il vous rendre aussi fortuné que vous le méritez.

Artus se précipita à ses genoux, Oh généreux Léodagan, combien votre manière d'accorder, ajoute encore au présent que vous me faites. Oui, je l'accepte avec la reconnoissance qu'il mérite, mon cœur depuis long-temps soupiroit après ce bienfait; mais.... pour qu'il ne manquât rien à mon bonheur, il faudroit que l'adorable Genièvre le partageât; le cœur ne se commande pas, et si le sien ne souscrivoit pas.... Chevalier, reprit-elle, en avançant la main, pour le faire relever, soyez persuadé que j'obéis sans répugnance aux ordres de mon père; je ne dois pas vous en dire davantage en ce moment....... Artus baisa avec transport cette main qu'il pressa sur son cœur.

Au même instant, l'Evêque de Thamélide, qui assistoit au Conseil, s'avança au milieu de la salle et les fiança en présence, et aux applandissemens de tous les assistans.

Merlin s'avança, prit la parole, et dit. Roi de Thamélide, belle Genièvre, et vous illustres barons qui m'écoutez, il est juste de vous faire connoître celui que vous venez d'élever, apprenez que c'est le vaillant Artus, Souverain de la Grande-Bretagne, fils du célèbre Uter-Pendragon, et de la Duchesse de Tintayel ; ces deux Chevaliers assis, l'un à sa droite, l'autre à sa gauche, sont le Roi Ban de Benoît, et Boors, de Gauves ;

les autres sont tous des Barons puissans et illustres de leur Royaume.

La joye fut universelle en apprenant une nouvelle aussi agréable. Chacun félicita Léodagan et la Princesse, sur une alliance aussi honorable et s'empressa de rendre hommage au nouveau Roi, les Chevaliers de la Table Ronde furent les plus empressés, ils n'oublioient pas que c'étoit dans son Royaume que leur Institution avoit pris naissance, et que le Château de Cramalot, possédoit la précieuse table de leur installation. Genièvre même ne fut pas insensible au plaisir, de trouver dans le héros, auquel elle avoit donné sa main et son cœur, un Souverain puissant et célèbre, qui déjà lui donnoit le titre de Reine.

Seigneurs

Seigneurs, ajouta Merlin, le temps presse ; mais *ce n'est pas celui de faire noces et festin*, lorsque l'ennemi nous menace, c'est aujourd'hui que l'armée doit se mettre en marche ; quand toutes nos guerres seront terminées, le mariage s'accomplira.

Au même instant tout le monde alla s'armer, pour ne pas retarder les opérations. La belle Geneviève comme fiancée, ceignit elle-même l'épée, et chaussa les éperons d'or d'Artus. Elle lui attacha une magnifique cotte-d'armes brodée de sa main, et couvrit son front d'un casque, sur lequel flottoit un panache de plumes à ses couleurs. Allez, lui dit-elle, n'exposez point trop une vie qui m'est chère, et revenez couvert de lauriers. Artus transporté de joye, saisit ses belles mains, et lui donna un baiser en présence de toute la Cour.

L'armée se mit en mouvement dans l'ordre prescrit, et sa marche fut si bien réglée, qu'elle arriva à son poste vers le milieu de la nuit. L'ennemi qui n'avoit reçu aucun avis de son arrivée, étoit enseveli dans le plus profond sommeil; les gardes avancées même furent surprises et égorgées sans pouvoir donner l'alarme.

Artus, à la tête des avanturiers, et précédé de Merlin, traversa un bois, et gravit une montagne qui paroissoit inaccessible. On n'avoit fait de ce côté aucun retranchement, on n'y avoit pas même placé des redoutes. Il rangea en bataille sa troupe, composée à-peu-près de mille hommes, et étendant son front le plus au large possible, il fondit sur le camp. Plus de dix mille hommes furent écrasés sous le poids des tentes qu'on renversoit, ou massacrés avant que l'ennemi soupçonnât d'où venoit le désordre. Mais bien-tôt on entendit de tous côtés sonner l'alarme. La plus grande confusion régnoit parmi les Sesnes, chacun fuyoit de son côté, et ce ne fut qu'avec une peine infinie que les Chefs vinrent à bout d'en réunir une partie sous leur bannière.

Merlin, dès le commencement de l'action, avoit embouché un corps, dont le son aigu et terrible, portoit la terreur parmi les ennemis. Les Thamélisiens au contraire sentoient augmenter leur courage, et le camp fut forcé de tous les côtés.

La victoire la plus complette auroit été remportée, sans perdre un seul homme, si le Roi Ryon, dont le quartier étoit placé au centre, n'eût réuni ses gardes, qui étoient tous des géants. Il s'avança à leur tête, vers le lieu qui lui parut avoir le plus grand besoin de secours. Il rétablit le combat, et peut-être eût-il chassé et défait la troupe qu'il avoit en tête, si celle que commandoit Artus ne s'y fût portée.

Ryon et Artus se rencontrèrent dans la mêlée. Le premier tenoit à sa main une lourde masse d'acier, qu'un autre que lui n'eût pu soulever; l'autre portoit un épieu long et acéré. Le géant venoit d'abattre le Roi Boors, d'un coup de son arme, et se disposoit à redoubler, lorsqu'Artus fondit sur lui, en le provoquant par un grand cri. Il perça l'écu et la cuirasse de son adversaire, mais la pointe de l'épieu s'arrêta sur sa soubre-veste, faite d'une peau de serpent, plus dure que l'acier trempé. De son côté, Ryon déchargea sur la tête de son adversaire, un coup terrible de sa massue, qui brisa son bouclier en mille pièces, et l'obligea de pancher la tête jusque sur le col de son cheval. Dans cet instant la foule les sépara, et ils ne purent se rejoindre.

Cependant, le Gouverneur de Duneblaise, c'étoit le nom de la ville assiégée, entendant le bruit prodigieux qui se faisoit dans le camp ennemi, fit sonner l'alarme et mettre toute la garnison sous les armes. Au lever du soleil, il distingua sans peine la bannière de son Souverain, et le fameux étendard du Dragon. Aussi-tôt, il fit sortir un corps de dix mille hommes, pour favoriser la retraite des Thoraisiens, s'ils avoient le dessous, ou décider la victoire pour eux, s'il croyoit que cela fut nécessaire. En effet, voyant qu'il pouvoit réussir, il fondit sur les ennemis qui se rallioient encore à quelque distance, et les ébranla tellement, que dès ce moment, ils ne rendirent plus aucun combat. Le carnage fut d'autant plus terrible, qu'une rivière qu'ils avoient à dos les empêchoit de fuir, et que les payans ne faisoient aucun quartier à ceux qu'ils trouvoient fuyans.

De toute cette armée, composée de plus de deux cent mille hom-hommes, il n'en échappa pas vingt mille, tout le reste fut taillé en pièces; on ne faisoit aucun prisonnier. Le Roi Léodagan au contraire, ne perdit pas quatre mille hommes, et presqu'aucun Chevalier de marque, mais le nombre des blessés étoit prodigieux. Le bagage, les armes, les tentes, les munitions de toute espèce, devinrent la proye des vainqueurs, chaque soldat, emporta du partage une somme suffisante pour se faire un sort

Artus pendant la bataille avoit reconnu le Roi Ryon à sa taille, à la richesse de ses armes, et plus encore à sa valeur. Il avoit sur le cœur le désavantage qu'il avoit éprouvé pendant le combat, et desiroit le reparer, en se mesurant avec lui corps-à-corps.

Dans la poursuite des ennemis,

il s'enfonça dans un bois, où il l'apperçut, qui fuyoit à toute bride. Roi des Géans, lui criat-il, tu fuis comme un lâche, attends-moi, si tu l'ose, je suis Artus, ton plus cruel ennemi, je te défie au combat à mort.

Celui-ci, qui étoit le plus orguilleux de tous les hommes, tourna la tête, pour voir quel pouvoit être le téméraire qui le défioit, le connoisant ; mais ne voyant qu'un homme seul, et qui paroissoit à peine dans l'adolescence, il s'avança vers lui. *Jeune varlet*, lui dit-il, j'ignore qui tu es, mais ton audace m'inspire de l'estime et de la pitié. Crois moi, ne cherche pas ta mort ; et comme ton cheval est plus fier que le mien qui est accablé de lassitude, cède le moi, et je te laisserai aller paissiblement. — Roi orgueilleux, reprit Artus, je suis fils d'Uter-Pendragon ; et gendre du Roi Léodagan, auquel tu as fait tant de maux, mon nom ne t'est peut-être pas inconnu, nous nous sommes déjà vu sous les murs de Toraise, et c'est de ma main que périt ton allié Ryolant. — en ce cas, reprit Ryon, il ne peut y avoir ni paix ni treve, tu m'a refusé ton cheval, mais tu y laisseras tes armes et la vie, les Dieux eux-même ne seroient pas assez puissans pour te la conserver.

Il tenoit encore à la main cette massue qui avoit déjà manqué être fatale à Artus : celui-ci connoissoit la force de son ennemi, et le danger de recevoir ses atteintes ; il évita le premier coup, et dans le moment où il vouloit la relever pour en porter un plus sûr, il déchargea dessus un coup de son épée, qui la coupa à un pied du poignet.

Ryon mit aussi-tôt la sienne à la main. Elle ne le cédoit pas en bonté à Escalibor ni à aucun autre; elle avoit appartenu à Hercule, et avoit la propriété comme l'autre de jetter de la lumière pendant l'obscurité. Le combat s'engagea alors à armes égales, et devint terrible. Ryon étoit d'une force prodigieuse, mais Artus, plus adroit, esquivoit la plus grande partie de ses coups, et lui en portoit de plus certains. Il lui faisoit un grand nombre de blessures, qui excitoient de plus en plus sa colère; c'étoit la première fois qu'il voyoit couler son sang;

tandis que son adversaire étoit encore sain et entier.

Ryon jetta à ses pieds le reste de son bouclier, et saisissant son épée à deux mains, il en déchargea un coup épouvantable sur son adversaire. Celui-ci ne put l'éviter, et il se hâta de porter au-devant le sien, composé de sept plaques d'acier, et d'autant de cuirs. L'épée entra cependant de plus d'un pied, et y resta attachée, sans que ses efforts pussent l'en retirer. Pendant ce temps, Artus lui portoit des coups de la sienne qui faisoient autant de blessures.

Son farouche ennemi voyant qu'il succomberoit en s'obstinant, lâcha prise, et se jettant à corps perdu, sur lui, le saisit de ses bras nerveux, espérant l'étouffer. Artus fut obligé de lâcher son bouclier et sa propre épée pour se défendre ; mais le danger étoit épouvantable pour lui, lorsque le hasard amena dans ce lieu le Roi Ban, qui voyant son ami prêt à périr, déchargea sur Ryon deux pesans coups d'épée, dont il lui fit deux grandes blessures.

Le Géant craignant pour sa vie, abandonna le champ de bataille, en fuyant de toute la vitesse de son cheval. Il ne fut point poursuivi, parce que Ban craignoit qu'Artus n'eût besoin de secours. Il lui demanda avec inquiétude s'il étoit blessé. Non, mon cher ami, répondit celui-ci, et je ne voudrois pas changer le prix de mon combat, pour la meilleure cité de la Grande-Bretagne.— Comment cela ? Je ne vois plus votre épée l'auriez-vous perdue.-Non certes au contraire, j'en ai gagné une autre qui lui est comparable, celle du Roi Ryon; voyez-les toutes les deux par terre, ici à côté.

Ils descendirent de cheval pour se rafraîchir un moment, et le Roi Ban, après l'avoir examinée, convint qu'il étoit impossible d'en trouver une semblable. Eh bien, dit Merlin, en l'embrassant, recevez-là je vous prie, elle ne peut jamais tomber en de meilleures mains.

Au même instant, ils virent paroître Merlin, à la tête de plusieurs Chevaliers. Suivez-moi, leur cria-t-il, votre secours est nécessaire à quelques pas d'ici. Léodagan est sur le point d'être mis à mort.

Artus et Ban sautèrent aussi-tôt sur leurs chevaux, et suivirent les traces de Merlin. Il étoit temps qu'ils arrivâssent. Le Roi de Thamédide étoit attaqué par cinquante Géans, qui avoient tué son cheval, blessé une partie de sa troupe, et se batoit en retraite, adossé contre un arbre, avec trois Ecuyers.

Ah Dieux ! s'écria Artus, en le voyant en cette extrêmité, pour quoi me suis-je éloigné de lui, pour quoi l'ai-je perdu de vue ; que dira Genievre, lorsqu'elle apprendra que son père a péri par ma faute. Roi de la Grande-Bretagne, s'écria Merlin, avec sévérité, laissons les pleurs et les lamentations aux femmes, les hommes ne savent qu'agir ; *à eux sus donc compaignons, qui mieux besoignera, sera bon compaignon.*

Artus animé par ce reproche, tomba comme la foudre sur les

Géans, et en fit une horrible boucherie ; rien ne pouvoit lui résister. Ban de son côté ne frappoit aucun coup sans donner la mort ; la bonté de son épée le surprenoit lui-même, il bénissoit la main qui l'en avoit rendu possesseur.

Le combat ne fut pas long. Les Géans sentans qu'ils ne pouvoient résiter voulurent prendre la fuite, mais ils furent exterminés jusqu'au dernier. Après cela, on fit remonter à cheval Léodagan et sa suite.

Leur arrivée à Duneblaise y excita la plus vive allégresse ; on pensa les blessés, et chacun se reposa des fatigues d'une journée aussi terrible.

CHAPITRE III.

Projets d'Artus, pour repousser les Sesnes, et secourir ses Alliés. Voyage du Roi Boors de Gauves, combat entre le Roi Amand, et un des Rois amis de Ryon, avanture du Roi Ban, et de Guimbert son frère.

Artus, après avoir attendu la guérison des blessés, et partagé le butin immense, parce que les Géants aimoient leurs commodités, et possédoient une quantité de vases d'or et d'argent, fruits de leur pillage chez différentes nations, annonça, qu'il se préparoit

à

à faire une nouvelle expédition ; mais que ceux qui voudroient se retirer, en étoient les maîtres.

Très-peu de gens profitèrent de cette permission ; toute l'armée lui étoit trop attachée, pour ne pas vouloir partager sa fortune ; il se présenta au contraire, une foule considérable d'avanturiers, que l'espoir de la gloire et du butin, attiroit sous ses étendards.

Il choisit parmi ce nombre, vingt mille hommes d'une force et d'une valeur éprouvées, et après avoir mis des garnisons suffisantes dans toutes les forteresses, il congédia le reste.

Le Roi Boors, possédoit le château de Carroch, situé dans cette contrée. Il le tenoit du Roi Uter-Pendragon, qui lui en avoit fait présent, en récompense des services qu'il lui avoit rendus. Depuis un grand nombre d'années il n'avoit pas visité ce château, qui se trouvoit trop éloigné de ses autres possessions ; il voulut profiter du temps nécessaire au Roi de la Grande-Bretagne pour faire ses préparatifs, et y passer quelques jours. Il se mit à la tête de six cent hommes, et y arriva sans faire aucune mauvaise rencontre.

Ce château avoit appartenu au Roi Amant, sur qui Uter-Pendragon l'avoit confisqué, pour avoir refusé de lui prêter foi et hommage, et de venir le secourir dans une guerre qu'il avoit soutenu. Ce Roi desiroit ardemment recouvrer cette forteresse, importante par sa situation, étant enclavée dans le milieu de ses terres. D'ailleurs, elle n'etoit défendue que par une foible garnison, et ne pouvoit espérer aucun secours.

Il avoit rassemblé une armée de six mille hommes pour en faire le siége, lorsqu'un nouvel incident l'en empêcha. C'étoit un tour de Merlin, pour favoriser son ami : voici comment la chose arriva.

Galan, l'un des Rois alliés de Ryon, se retiroit en son pays, à la tête de quatre mille hommes, qu'il avoit ralliés après la perte de la bataille. Il s'égara, et parvint jusqu'à une lande immense, traversée par une grande rivière, qui paroissoit très-profonde. Il la fit sonder de tous les côtés, mais on ne découvrit aucun gué, ce qui le détermina à camper sur les bords, en attendant qu'on eut construit un pont, pour en venir à bout.

Le même jour, l'armée du Roi Amand parut sur l'autre rive, et ne fut pas médiocrement surprise de voir ce fleuve dans un lieu où personne n'en avoit apperçu aucun jusqu'alors ; il n'en fallut pas moins respecter cet obstacle, surtout en présence d'une troupe nombreuse, qu'on reconnoissoit pour faire partie de celle de l'ennemi commun. Amand prit donc aussi la résolution de camper, en attendant qu'on eût avisé à ce qu'il y avoit à faire.

Il seroit difficile de peindre la surprise des deux armées, en ne voyant plus le lendemain aucune trace de la rivière qui les avoit arrêtés ; cela n'est pas surprenant, cette rivière n'étoit qu'un prestige de Merlin, pour mettre aux prises ces deux armées également ennemies de Boors.

Les deux Rois ne perdirent pas de temps pour se mettre en bataille, et s'attaquer. Le combat fut sanglant, et la victoire disputée ; mais enfin elle se déclara pour le parti le plus nombreux, Galaan fut obligé de fuir, laissant près de quatre mille hommes sur place.

Le vainqueur n'avoit pas trop à s'applaudir de sa victoire. Les barbares s'étoient battus en désespérés, et ils avoient tué un nombre d'hommes au moins égal à celui qu'ils avoient perdu, le reste étoit couvert de blessures, et hors d'état de rien entreprendre.

Ce fut ce jour-là même que la nouvelle vint à Amand que le Roi Boors étoit arrivé au château de Larroch, à la tête de six cent hommes, il vit bien qu'il n'y avoit rien à faire tant qu'il y seroit, il donna ordre aux troupes de se disperser, en attendant un moment plus favorable ; il laissa seulement, aux environs du château, quelques espions, pour être averti à temps du départ du Roi, et de la route qu'il se proposoit de tenir.

Nous perdrons un moment de vue cette affaire, pour nous occuper du Roi Artus. Après avoir fait ses dispositions, il fit partir son armée sur plusieurs colonnes, dont le rendez-vous général étoit à Bredigan. Aussi-tôt Ban de Benoict dépêcha un courier au Roi Boors pour lui indiquer le lieu et le jour où il devoit s'y rendre.

Merlin, ne permit pas même au jeune Roi d'aller faire ses adieux à la belle Genievre. Un amant, lui dit-il, trouve le tems bien court auprès de ce qu'il aime ; il se fâche contre ceux qui le lui rappellent, et celui qui nous reste, ne nous permet pas de perdre un instant, sans nous exposer aux plus grands malheurs.

La colonne que conduisoit le Roi Ban, devoit cotoyer la forêt sans-retour, fertile en aventures extraordinaires. Il étoit accompagné de son frère Guinebault, très-bon Chevalier, déjà avancé en âge, et se mêlant un peu de magie.

Les deux frères, eurent envie de prendre le plaisir de la chasse, et s'écartèrent de leurs gens, s'enfonçant dans la forêt, vers le lieu où ils croyoient trouver du gibier. Leur recherche fut infructueuse, et les chemins se croisoient tellement, qu'ils s'égarèrent, sans pouvoir retrouver leur route. Ils se trouvèrent auprès d'un endroit où il se séparoit en deux parties, dont l'une tournoit à droite, l'autre à gauche; ils hésitèrent quelques instans sur celle qu'ils devoient prendre, et ils se déterminèrent pour celui de la gauche; ce qui leur procura une avanture fort extraordinaire.

Ils suivirent ce sentier, pendant environ deux heures; et au bout de ce temps, ils apperçurent une vaste enceinte, au milieu de laquelle on voyoit une multitude de Chevaliers et de jolies Dames très-parées, occupées à la danse, et à jouer à de petits jeux.

Sur un des côtés on remarquoit une estrade, élevée de plusieurs marches, et couverte d'un riche tapis, sur laquelle étoient assis un Chevalier d'un certain âge, et à ses côtés une jeune personne d'une beauté ravissante, ayant sur sa tête une couronne d'or.

Les deux Chevaliers, toujours galans avec les Dames, mirent pied à terre, donnèrent leurs chevaux à tenir à des Ecuyers, et s'avancèrent vers l'estrade. L'air de grandeur répandu sur toute leur personne, la richesse de leurs armes, enfin tout ce qui les entouroit annonçoit tellement leur rang, que tout le monde s'avança pour leur faire honneur, le Chevalier et la Dame de l'estrade, se levèrent pour les saluer, et les invitèrent à venir prendre place auprès d'eux.

Ils ne se firent pas prier, le Roi Ban s'assit à côté du Chevalier, et son frère, qui avoit remarqué avec une tendre émotion la beauté de la jeune personne, se plaça auprès d'elle. La conversation fut d'abord générale, mais bien-tôt, Ban de Benoict ayant parlé guerre, Guinebaut commença un entretien plus tendre, avec sa jolie voisine. Damoiselle, lui dit-il, combien doivent s'estimer heureux, ces Chevaliers qui vous voyent à chaque instant du jour, et qui peuvent contribuer à votre amusement ! Quelle vie agréable vous devez mener ; les plaisirs se succèdent avec rapidité ; mais celui d'être auprès de vous me paroît préférable à tout autre. — Seigneur, vous paroissez bien galant, votre manière me plaît, et je vais vous ouvrir mon cœur. Ces plaisirs m'amusent en effet, mais ils sont bien-tôt passés ; la vie que nous menons dans cette forêt devient alors bien triste, surtout lorsque l'hiver succède à ces beaux jours. Je suis Souveraine de ce canton, je ne dépends de personne, mon cœur est libre ; ah ! combien je l'abandonnerois volontiers à celui qui rempliroit le vuide immense que j'y sens, et qui m'assureroit contre l'ennui. — Adorable Princesse, reprit Guinebault, si ma personne n'avoit rien pour vous de repoussant, si mes cheveux gris n'effarouchoient pas les amours, je remplirois votre but : j'ai acquis quelques teintures de la magie, et je peux contribuer par ce moyen à ce que l'ennui n'approche jamais de ce lieu, tant que vous l'habiterez ; si vous voulez accepter ma foi, et me donner la vôtre, il ne se passera pas un seul instant, qui ne soit marqué par quelque divertissement.

Ah! bien volontiers, reprit ingénuement la Princesse, pourvu que je m'amuse, vous aurez toujours mon cœur: maîtresse de ma personne, je vous la donne, je me fie à vous, sur l'exécution de vos promesses.

Guinebault s'éloigna de suite à quelques pas de l'estrade, et par ses conjurations, fit un enchantement, dont voici les conditions.

Dès demain, dit-il, en revenant se placer à côté de la Princesse, un printems perpétuel regnera dans ces lieux fortunés, la verdure des arbres, la fraîcheur de l'herbe de cette prairie, les fleurs qui en émaillent la surface, ne se faneront jamais. A côté de votre trône, sur la droite, sera élevé un arc de triomphe orné de bas-reliefs, représentans l'histoire des amans, célèbres par leur loyauté. au-dessous, sera placée une estrade, surmontée d'un fauteuil, d'où une Puissance invisible repoussera tout amant parjure ; cet enchantement restera dans toute sa force, jusqu'à ce que le Chevalier le plus loyal du monde entier, celui qui n'a jamais faussé la foi qu'il a promise à sa Dame, reçoive la couronne d'or qui sera suspendue au haut de l'arc de triomphe, et portée par un amour.

A la gauche, sera placé un échiquier d'or et d'yvoire, dont les pièces sont faites avec tant d'art, que lorsqu'un Chevalier se présentera pour tenter d'achever l'avanture, et 'assoyera à la table sur laquelle il sera placé, la pièce correspondante se remuera seule, et l'adversaire ne pourra gagner la partie, à moins qu'il ne soit destiné à mettre fin à l'enchantement.

Quant à vous aimable Princesse, à peine votre sommeil cessera-t-il, qu'une musique délicieuse charmera vos oreilles, et lorsque vous paroîtrez en public, les jeux, les graces et les plaisirs vous accompagneront jusqu'à ce que vous vous rendiez dans ce lieu où ils prendront un caractère plus varié.

Ce n'est pas tout, votre cour se grossira de tous les Chevaliers et des Dames étrangères que le bruit de cette avanture aura attirées, elles ne pourront dès ce moment vous abandonner, jusqu'à ce que l'avanture soit terminée.

Guinebault et son frère passèrent la nuit dans le château de la Dame, et le lendemain, tout le monde resta dans l'admiration des changemens qu'ils apperçurent; la Princesse de son côté, se trouvant satisfaite, déclara qu'elle choisissoit Guinebault pour son époux.

Le Roi Ban ne put désaprouver le choix de son frère; la jeune personne réunissoit tout ce qui peut faire le bonheur d'un galanthomme; il redoutoit seulement la dispropotion de leur âge. Quoiqu'il en soit, il sentit bien qu'il y auroit de l'inhumanité à tenter de l'arracher sitôt à ses nouvelles amours, et dès le jour même, il prit congé d'eux, et se remit en route vers Bredigan. Les nouveaux mariés voulurent l'accompagner au moins jusqu'à la forêt, et Guinebault embrassa son frère, en l'assurant qu'il iroit le joindre dans quelques temps. Il arriva le lendemain au rendez-vous, où il reçut beaucoup de caresses du Roi, et de Merlin, qui le félicita sur l'avanture de son frère.

CHAPITRE IV.

COMBAT singulier du Roi Boors contre Amand, qui est vaincu et tué par son adversaire. Retour de Boors à Bredigan. Merlin découvre un trésor à Artus, et un coffre renfermant douze épées. Retour à Logres, réception de Gauvain et ses camarades, à l'Ordre de Chevalerie.

Nous avons laissé à Carroch le Roi Boors, occupé à recevoir les témoignagnes d'affection et de fidélité des habitans, et à donner des ordres relatifs à la sûreté de la place. Lorsqu'il reçut le courier qui lui annonçoit le départ de l'armée pour Brédigan, il assembla son escorte, et se mit en route pour s'y rendre, accompagné, jusqu'à l'entrée de la forêt périlleuse, par le Gouverneur.

Amand reçut par ses espions, l'avis de cette marche, et du jour où il traverseroit la forêt. Ce Roi étoit brave et loyal. Il auroit pu en profiter, pour l'envelopper avec des troupes nombreuses, mais il se seroit reproché cette action comme une lâcheté ; il se contenta de faire marcher une troupe égale en force, toute composée de gens d'élite, qu'il mena camper dans une petite plaine au centre de la forêt que Boors devoit traverser.

Celuici marchoit sans défiance, ne croyant avoir aucun ennemi à redouter. Il fut étonné de se trouver à la vue de ce camp, dont il ignoroit les intentions. Il fit aussi-tôt faire halte à sa troupe, et commanda à ceux qui étoient désarmés, de se faire s'armer au plutot; et comme la nuit étoit prochaine, il fit tracer une ligne, et poser des sentinelles autour des tentes, crainte de surprise.

Le lendemain, dès le lever du soleil, on le vint avertir qu'un Héros d'Armes s'avançoit, et demandoit à lui parler; il le fit aussi-tôt conduire en sa présence. Boors, lui dit ccluici, le Roi Amand, mon maître, m'envoye te demander une conférence entre vos deux troupes; si tu y consens, il se trouvera sous demie-heure au rendez-vous, acccompagné de deux personnes seulement. — J'ignore ce que me veut ton maître, que je ne crois pas avoir offensé; mais dis lui que j'accepte avec plaisir sa proposition, et que je vais me porter au lieu qu'il désire.

Au moment indiqué, les deux Rois se joignirent et s'examinèrent pendant quelques instans avec beaucoup de curiosité; ce fut Amand qui le premier prit la parole.

Roi de Gauves, lui dit-il, vous possédez injustement un château qui m'appartient, et vous le retenez sans raison. Je connoissois votre marche, et la force de votre escorte; j'aurois pu en profiter pour vous accabler par la supériorité du nombre; mais ce moyen n'eût pas été digne de moi; c'est à force égale que je veux vous combattre, si vous refusez de me rendre justice, mais je présume assez de votre équité, pour croire que la connoissance seule de mon bon droit vous déterminera.

Boors, naturellement équitable, sentit la justesse de cette demande, et la loyauté de ce procédé, mais le ton de menace qu'elle renfermoit, peut-être même la répugnance à se désaisir d'une domination toujours flatteuse, le déterminerent à la négative.

Amaud, lui répondit-il, ce n'est pas moi qui ai commis une injustice, ni une usurpation; je ne suis pas Juris-consulte ; j'ignore si le Roi Uter-Pendragon, qui m'en fit don, à titre de récompense des longs et pénibles services que je lui avois rendus, avoit droit d'en disposer, tout ce que je sais, c'est qu'il m'appartient : cependant, en considération de votre loyauté, et de l'estime que vous m'avez inspirée, je vous le rendrai volontiers, mais à condition que vous viendrez avec moi à la Cour du Roi Artus, qui a succédé à son père, votre légitime Suzerain, et que vous lui rendrez foi et hommage, pour les terres que vous tenez, et qui relevent de ce jeune héros, qui en est digne; par son courage, ses vertus, et la réputation qu'il a déjà acquise dans les armes ; je vous suis caution qu'il vous recevra avec plaisir au nombre de ses amis.

Ah ! qu'osez-vous me conseiller, reprit Amand, plutôt périr mille fois, que de me déshonorer. Celui qui prête hommage à un autre, devient son homme, il n'est plus libre ; mon ame est trop élevée pour me soumettre aux volontés d'un autre ; s'il m'attaque, je saurai défendre mon indépendance, et lui prouver qu'on ne commet pas impunément une injustice envers un Souverain qui veut vivre libre. Au reste, c'est une affaire à démêler de lui à moi, quand à vous, voyez si vous êtes disposé à m'accorder de bonne grace ce que je vous demande ; autrement, le sort des armes en décidera ; mais comme cette querelle m'est personnelle, et que je n'aime pas à prodiguer le sang de mes sujets, nous combattrons corps à corps, sous la condition que je vous suivrai à Brédigan, si je suis vaincu, et je ferai hommage à Artus, mais si je suis victorieux au combat, vous me rendrez le château qui en fait le sujet.

Si l'un de nous d'eux perd la vie, je demande que son escorte puisse emporter son corps et ses armes, et se retirer paisiblement, sans risque d'être inquiété.

Eh bien, combattons, puisqu'il le faut, reprit Boors, qui étoit surpris de la grandeur d'âme de ce Roi, et qui lui auroit donné tout ce qu'il lui demandoit, sans un reste d'amour-propre, qui s'y opposoit : mais combattons en ennemis qui s'estiment, accordez-moi votre amitié ; quelle que soit l'issue du combat, vous aurez la mienne ; mais il est juste de le remettre à cet après - midi, parce qu'il est nécessaire de préparer les lices, et de faire part respectivement à notre Conseil, de nos conventions.

Aussi-tôt que tout fut prêt,

les deux Rois, environnés des principaux Chevaliers de leur escorte, s'avancèrent. Ils jurèrent l'un et l'autre, et firent jurer à tous les Chefs, d'observer les conventions ; ensuite chacun s'étant retirés, les champions prirent du champ, et coururent l'un sur l'autre, une forte lance en Arrêts. Elles furent brisées l'une et l'autre, jusque dans les gantelets, et ils se rencontrèrent de tête et de corps avec tant de violence, que le Roi Amand fut renversé sans connoissance en bas de son cheval, et Boors le fut aussi sur la croupe de son cheval, où il resta sans mouvement. Il reprit cependant le premier l'usage de ses forces, et voyant son adversaire couché par terre, il descendit de cheval, pour finir le combat sans avantage, presque au même instans son ennemi fut sur pied, et vint au-devant de lui l'épée à la main.

Le combat fut opiniâtre, malgré l'avantage des armes qu'avoit Boors. Son épée sur-tout, ne frapoit pas un coup sans emporter une partie du bouclier ou de l'armure. Enfin il atteignit son adversaire sur le casque avec tant de force, qu'il l'auroit fendu en deux, si le coup n'eût pas tourné ; il fut cependant si violent, que les courroies rompirent, et il tomba sur le sable. Amant, cria Boors, rends-toi, avoue que tu es vaincu ; il t'est impossible de me résister sans armes. — Ah, plutôt périr mille fois, répondit celui-ci, en se jetant sur son adversaire, et lui portant au défaut de la cuirasse, un coup qui manqua lui être fatal. — Meurs donc, puisque tu le veux, s'écria Boors, en même-temps, il le frappa d'un coup d'épée, qui lui sépara la tête en deux parties.

Par les conditions du combat, qui furent observées religieusement, il étoit permis à l'escorte du vaincu de se retirer; mais une partie des Barons d'Amand, se joignit à Boors, et le suivit à Brédigan, pour reconnoître Artus. Ce fut à la tête de cette troupe qu'il se présenta devant lui. Il l'accabla de caresses, et reçut l'hommage de ses nouveaux sujets.

Lorsqu'on entreprend une guerre, sur-tout hors de son pays, il ne suffit pas d'avoir une armée nombreuse et aguérie, il faut encore de l'argent pour la faire subsister et la payer. Artus n'ignoroit pas cette vérité, et c'est ce qui lui causoit beaucoup d'inquiétudes, parce que son trésor étoit dans le plus grand état d'épuisement.

Mon cher Merlin, lui disoit-il un jour, je vous avoue que c'est avec peine que j'entreprends une guerre dispendieuse ; mes sujets sont épuisés par celles que j'ai déjà soutenues, et ne sont pas en état de faire de nouveaux sacrifices; vous savez cependant qu'il m'est impossible de faire face long-tems à des dépenses aussi considérables. — Quoi, Sire, vous vous plaignez, vous qui êtes le Monarque le plus riche de l'univers, vous qui possédez un trésor inépuisable, et qu'il ne tient qu'à vous d'avoir à votre disposition dès aujourd'hui. — Comment cela se peut-il, mon cher Merlin, vous savez que je ne possède rien. — Vous allez vous en assurer par vous-même, venez avec moi dans la forêt, faites-vous accompagner de quelques pionniers, et vous verrez que je ne vous en impose pas.

Artus donna des ordres, et partit à la tête de cinquante hommes, munis d'instrumens propres à fouiller la terre. Merlin désigna un endroit où l'on commença à fouiller: à une profondeur assez considérable, on trouva la porte d'un souterrain, que l'on ouvrit: le roi fut étonné de la quantité surprenante de pièces d'or et d'argent qu'il renfermoit ; il fit immédiatement venir des chariots, sur lesquels on les transporta à Logres, où il étoit en sûreté.

Sire, ajouta Merlin, lorsque tout fut emporté, le trésor qui est en votre puissance, ne vaut pas ce qui reste encore dans ce lieu. Faites enlever le pavé dans le milieu du souterrain, et vous découvrirez bien autre chose. On le fit, et l'on trouva un coffre de cuivre, fermant avec une serrure, à laquelle la clef étoit attachée. En l'ouvrant, on y trouva douze épées d'une beauté surprenante.

Roi de la Grande-Bretagne, dit Merlin, voici la véritable richesse d'un guerrier. Ces épées ont peu d'égales dans le monde, par la bonté de leur trempe; la vôtre seule, et celle du Roi Ban, peuvent leur être supérieures. Ce n'est pas sans mystère quelles se rencontrent ici, vous trouverez bientôt à les distribuer à des Chevaliers qui sauront en faire un bon usage.

A peine le jour parut-il le lendemain, que l'armée se mit à défiler vers Logres. Artus et ses deux amis, accompagnés des principaux chefs, et d'une suite nombreuse de Chevaliers célèbres marchoit au centre.

Lorsqu'on fut arrivé proche un petit Lois charmant, situé à la moitié du chemin, l'enchanteur fit arrêter les troupes et mettre pied à terre au Souverain et à son escorte. C'est ici, leur dit-il, que vous allez recevoir l'hommage de quatorze héros qui s'avancent vers nous, et qui pendant votre absence vous ont rendus les services les plus signalés.

On ne tarda pas à voir paroître cette troupe brillante, accomcompagnée d'une foule de bourgeois et d'officiers qui venoient retrouver un souverain que tout le monde estimoit et aimoit. Gauvain qu'ils avoient choisi pour chef, marchoit à la tête, et se faisoit remarquer autant par la fierté de sa démarche que par sa bonne mine. Tout le monde mit pied-à-terre à quelque distance, et s'avança vers Artus, qui les attendoit, assis au pied d'un Chêne.

Gauvain et ses compagnons se mirent à genoux devant lui, selon la coutume du tems, et celui-ci lui adressant la parole au nom de tous : » Sire, lui dit-il, vous » voyez devant vous, des hommes » qui desireroient repandre tout » leur sang pour vous être utiles. » Déjà la pluspart sont couverts de
« blessures

» blesures henorables qu'ils ont
» reçus en repoussant vos cruels
» ennemis : quand à nous, nous
» vous demandons une grâce dont
» nous tâcherons de nous rendre
» dignes, c'est d'être armés chevaliers de votre main.

Gauvain fit ensuite connoître à son oncle quels étoient ceux qui l'accompagnoient; il s'étendit sur leurs belles actions, mais se modestie ne lui permit pas de dire un mot des siennes.

Mon doux neveu, reprit Artus, en le relevant et en l'embrassant, avec beaucoup de tendresse, vous parl z beaucoup des aut es, mais vous m'avez rien dit de vous même ; la modestie sied bien à un héros. Je vous accorde vot e demande avec plaisir : eh ! pourrai-je refuser ceux auxquels la

F

reconnoissance et les liens du sang me font un devoir de rester uni à jamais. Quand à vous, mon cher neveu, puisque vos compagnons vous ont trouvé digne de les commander, je confirme leur choix, et je l'étends sur toute l'armée, où je veux que vos ordres soient suivis avec la même docilité que les miens. Dès demain vous recevrez de ma main l'ordre de chevalerie, et vous ferez la veille des armes ce soir, dans la chapelle du Palais.

L'on se mit en marche, et l'on arriva à Logres, aux acclamations d'un peuple nombreux qui témoignoit sa joie du retour de son souverain. A la porte de la ville, la Reine d'Orcanie, mère de Gauvain, attendoit Artus: Sire, lui dit-elle, en abordant, daignez m'accorder une protection bien nécessaire contre des ennemis acharnés à ma perte, et à celle de ce jeune innocent qui réclame votre secours. Celui-ci ému jusqu'au fonds de l'âme, par des motifs puissants, dont on se rappellera sans peine, la pressa contre son cœur, en l'assurant qu'il sacrifieroit sa vie même pour la défendre contre tous ceux qui voudroient lui nuire.

Le soir, les quatorze aspirans, accompagnés de leurs parens, se rendirent à la chapelle, où ils passèrent la nuit en prières, selon l'usage, et le lendemain, Artus revêtu de tous les attributs de la Royauté, et accompagné de toute sa cour, se rendit au même lieu. Les seigneurs les plus distingués le précédoient, portant chacun une pièce de l'armure des nouveaux chevaliers et les douze épées qu'il se proposoit de donner à ceux qui n'en avoient pas.

Gauvain fut armé le premier. En lui donnant l'accolade, Artus détacha sa propre épée, la fameuse *Escalibor*, et la lui ceignant au côté, *beau neveu*, lui dit-il, *jamais epée meilleure, ne fut ceinte à chevalier qui mieux sache s'en servir:* Ban et Boors attachèrent ses éperons, après quoi tous les autres furent armés à leur tour, et reçurent leur épée par la main de jolies dames, qui voulurent les favoriser.

CHAPITRE XXIV.

GAUVAIN *découvre quel est son bienfaiteur. Départ de l'armée pour les Gaules, débarquement à la Rochelle, combat contre les Rois ciliés, victoire d'Artus.*

Depuis le retour du Roi, le Conseil s'assembloit tous les jours pour régler l'administration intérieure du Royaume, la discipline des armées, et discuter les intérêts publics de l'État. Les nouveaux Chevaliers y avoient séance et s'instruisoient sur la tactique et sur tout ce qui pouvoit les rendre un jour recommandables.

Gauvain passoit une partie des matinées dans le cabinet de son oncle, qui découvroit en lui mille bonnes qualités, et se plaisoit à lui former le cœur et l'esprit. Mon cher neveu, lui dit-il un jour, l'ingratitude est un vice bien repréhensible, je ne vous en crois pas susceptible, mais il me semble que ceux qui vous ont rendu les services dont vous m'avez parlé, n'ont pas lieu d'être satisfaits de votre générosité : qu'avez vous fait, par exemple, pour le paysant qui vous donna avis du danger que couroit votre brave frère d'armes Sagremors? — Ah ! plut-à-Dieu, s'écria Gauvain, pouvoir le retrouver, il n'est rien que je ne fus disposé à lui accorder, mais toutes mes démarches pour le découvrir ont été inutiles.

— Dumoins, vous avez été plus heureux à l'égard de l'écuyer qui vous conduisit au secours de votre mère. — Pas davantage, une fatalité inexprimable l'a rendu invisible ; j'ai été forcé de rester ingrat. — Eh bien! mon cher ami, je veux vous donner le moyen de vous aquitter, vous voyez devant vous le seul homme en état de vous obliger au moment d[u] besoin, quel autre que Merlin eu[t] pu conduire les choses avec autant de sagesse et de présision.

Ah mon digne protecteur, s'é[-]cria Gauvain, en se jettant dan[s] ses bras, pardonnez à mon pe[u] de pénétration. Comment ai-je p[u] vous méconnoître ? conservez mo[i] votre bienveilliance, et mon so[rt] sera préférable à celui de tous le[s] Souverains du monde.

Mon bon ami, repliqua Merlin, je vous l'accorde bien volontiers, vous en êtes digne ; mais si vous êtes jaloux de la conserver, ne confiez à personne ce qui vient de se passer : il faut que tout le monde ignore le lieu ou je me plais davantage ; je ne me fais connoître qu'à un petit nombre d'hommes. Au reste, je vais me séparer de vous pour quelque tems; des affaires importantes m'appellent en Northumberland, et en d'autres lieux ; mais, soyez sans inquiétude, je ne vous perdrai pas de vue, je saurai vous être utile, et je vous rejoindrai à l'instant où ma présence sera nécessaire. Quand à vous, dit-il au Roi, exécutez ce dont nous sommes convenus, faites filer l'armée vers le port où elle doit s'embarquer.

que dans quatre jours la flotte soit prête à mettre à la voile ; le tems sera favorable, vous débarquerez à la Rochelle où je vous joindrai peu de momens après votre arrivée ; ayant dit ces mots, il les embrassa et disparut.

Tout s'exécuta ponctuellement. Jamais le vent ne se montra plus favorable, et le troisième jour, le débarquement s'effectua. Les troupes campèrent sous les murs de la ville, et se tinrent prêtes à marcher au premier ordre.

Merlin ne se fit pas attendre. L'armée fut divisée en quatre parties égales, dont chacune suivit la route qui lui étoit indiquée, en combinant tellement la marche, que toutes devoient se trouver au même instant en présence de l'ennemi et l'attaquer.

Ce mouvement correspondoit à celui qui faisoit mouvoir d'autres corps nombreux, auxquels l'enchanteur avoit communiqué le même ordre.

D'un côté, Léonces, qui gouvernoit les deux Etats de Ban et de Boors ; avoit détaché le séneschal Ailliaume de Benoic, à la tête de cinq mille hommes d'élite, et il devoit se cacher dans la forêt de Brioques, et prendre garde, surtout, de se laisser appercevoir, jusqu'à nouvel ordre.

D'un autre côté, Farias qu. commandoit un corps de soldat d'un nombre pareil, avoit ordr de se tenir prêt à charger l'en nemi en flanc.

Le corps d'armée, command. par Artus, devoit commence l'attaque, au signal que donnero le cor de Merlin, qui rendoit un son assez éclatant pour être entendu de tout le monde; mais les autres troupes ne devoient se mettre en mouvement, qu'à l'instant où ils verroient un dragon de feu traverser de la droite à la gauche du lieu où se passeroit le combat.

L'entreprise étoit au moin douteuse, vu la supériorité du nombre des ennemis. Claudas étoit à la tête de quatre-vingt mille hommes qu'il avoit rassemblés, indépendamment des étrangers qui étoient venus à son secours. Le Duc Frogles commandoit les Allemands, les troupes Romaines étoient conduites par le fameux Antoine, et le grand Sénéchal Froiles, avoit sous ses ordres une armée de Gaulois, nombreuse et aguérie.

Après avoir entièrement dévasté et pillé le pays, ils étoient venus mettre le siège devant le château de Trèbes, situé sur un rocher escarpé, au milieu d'un marais impraticable, formé par les débordemens de la Loire. Cette place que l'art s'étoit uni à la nature pour la fortifier, passoit pour imprenable. C'étoit là que les deux Reines étoient venues se réfugier, comme dans un azile impénétrable.

Déjà le siège duroit depuis long-tems ; ils espéroient que la famine obligeroit les assiégés de se rendre ; pour empêcher qu'il n'entrât des vivres dans la place, ils l'avoient entourée de quatre camps différens, qui étoient joints par des retranchemens et des redoutes gardées avec le plus grand soin.

Malgré toutes les précautions de Merlin, l'ennemi avoit eu connoissance de la marche de l'armée, et déjà toutes les troupes étoient rangées en bataille et prêtes à combattre, lorsqu'on les attaqua.

Le combat fut un des plus sanglans qu'on eut jamais vu dans le pays, et le succès long-tems douteux, mais le dragon de Merlin répandit la terreur dans les rangs ennemis, tandis qu'il ranima le courage de son parti, qui savoit que c'étoit le signal auquel le corps de réserve devoit donner: en effet, Alliaume et Farias sortirent de leur embuscade et tombèrent sur les Romains et les Gaulois avec tant de fureur qu'ils les mirent en fuite, et en firent un carnage épouvantable. Alors, l'armée de Claudas, prise en flanc et par derrière, lâcha pied, et ne rendit plus aucun combat. Ils jettoient leurs armes pour fuir plus légèrement, mais ils tomboient au milieu des détachemens envoyés à leur poursuite, et étoient exterminés. De ce nombre prodigieux d'ennemis, il en échappa à peine vingt-mille, qui regagnèrent aussitôt leur pays, abandonnans aux vainqueurs leur bagage, leurs tentes et leurs provisions. Le butin fut immense, et se partagea entre tous ceux qui avoient concouru à la victoire.

Les deux Reines avoient passé tout le tems du combat sur les murs du Château, dans la plus affreuse inquiétude sur l'issue de la bataille : à peine l'ennemi fut-il vaincu, qu'elles firent ouvrir les portes, et se hâtèrent de venir embrasser les vainqueurs.

Les Rois et les principaux Chevaliers les suivirent au Château où ils furent parfaitement fêtés, tandis que le reste de l'armée se délassa sous les tentes des vaincus des fatigues de la journée.

Combien les mœurs de ce temps différoient des notres par leur simplicité ! l'homme riche n'occupoit pas pour lui seul, des bâtimens suffisans pour loger deux à trois cent familles ; les Rois eux-mêmes, se rapprochoient de cette noble simplicité, que la nature semble nous avoir prescrites. Deux ou trois domestiques destinés aux ouvrages difficiles, ou à les accompagner dans leurs voyages ; quelques chambres pour loger ceux qui les visitoient, une salle d'audience et un cabinet où s'assembloit le conseil, tel étoit à-peu-près le palais des Souverains de ce tems. Ce n'est que par une suite de siècles, que le luxe est parvenu au point où nous le voyons ; en France même, dans le seizième siècle, les Rois se contentoient d'un logement que dédaigneroit un bougeois aisé.

Quoiqu'il en soit, je rapporterai les propres termes du Romancier qui écrivoit à la fin du treizième siècle.

» Après le souper, Boors con-
» duisit Artus, Merlin, Gauvain
» et ses frères, dans une belle et
» grande chambre, où ils étoient
» logés commodément et couchés
» deux à deux dans de bons lits ;
» les autres Chevaliers furent

« hébergés

» hébergés par chambrées, selon » la commodité du lieu ».

Le Roi Boors, adoroit son épouse, jeune Princesse d'une figure charmante, et d'un caractère admirable. Malgré la fatigue d'une journée aussi laborieuse, le plaisir de la revoir après une si longue absence, les caresses dont elle l'accabloit, réveillèrent sa sensibilité, et ce fut à cette nuit bienheureuse que Lancelot, le plus célèbre des Chevaliers de la table ronde, dût sa naissance; la valeur de son père et les grâces touchantes de sa mère sembloient s'être réunis en lui pour en faire un homme parfait.

Cependant il ne naquit pas sous d'heureux auspices; jamais il n'eut l'avantage d'être serré dans les bras de son père, qui mourut de douleur à la vue des malheurs qui l'accablèrent dans la suite ; son enfance fut confiée à des mains étrangères, et sa mère elle-même fut réduite à un tel excès de misère et de détresse, *que pour subsister, elle fut réduite à se retirer dans un Moustier [Abbaye] Royal où il lui convint de se rendre Nonnain.*

Nous n'anticiperons pas sur les évènemens, nous reviendrons dans la suite sur ce Chevalier célèbre, que l'amour se plut à dédomager des caprices de la fortune, et qui joua le principal rôle dans les évènemens dont la grande Bretagne fut le théâtre dans la suite.

CHAPITRE XXV.

Continuation des amours de Vivianne et Merlin ; son départ pour Rome, sujet de son voyage, punition d'une impératrice impudique ; prédictions.

Merlin avoit promis à sa mie Vivianne de se rendre auprès d'elle la veille de Saint-Jean ; elle étoit trop profondément gravée dans son cœur pour qu'il oubliât cette promesse ; cent fois il avoit désiré avancer le moment fortuné ou il iroit la rejoindre ; il maudissoit les affaires qui le retenoient; mais les heures des sages de cet ordre sont comptées; c'est le destin lui-même qui en règle l'emploi.

Ce moment attendu avec tant d'impatience arriva enfin; il fit assembler les Rois avec Gauvain dans le cabinet du Conseil, et voulut leur donner un nouveau motif de surprise.

Charmante Reine de Benoic, dit-il à l'épouse de Ban, vous êtes bien faite pour opérer des prodiges. Ne conservez de la nuit, que le souvenir de ce qui vous a été agréable. Il ne m'est pas permis de vous dévoiler tout le mystère de votre songe; mais l'enfant que vous portez dans votre sein, deviendra aussi célèbre par sa loyauté en amour, que par ses exploits de chevalerie. Le Lyon couronné, accompagné de vingt autres Lyonceaux, figure un souverain puissant, qui commande à un pareil nombre de Rois ou de grands Vassaux, le Léopard sans couronne, qui l'attaque à la tête de dix-sept autres, désigne un Chevalier le plus vaillant et le plus renommé de son siécle, qui, après avoir vaincu le Lyon, le reconciliera avec tous les autres combattans.

La belle Hélène avoit rougi prodigieusement pendant ce discours, son mari paroissoit un peu interdit, les autres avoient souri en apprenant que la fatigue des armes n'avoit pas empêché leur compagnon de se montrer guai, *et bon compaignon avec une aussi gente dame.*

Merlin prit congé de la compagnie et se transporta dans un

instant auprès de la charmante Viviane, qui l'attendoit avec impatience, assise au bord de la fontaine où il l'avoit vu la première fois. Elle le reçut avec des caresses, qui lui fîrent gouter une joie d'autant plus parfaite que son cœur n'avoit encor jamais éprouvé les douceurs de l'amour.

Le desir de s'instruire en tenoit lieu chez cette jeune personne, qui regardoit sa passion comme le seul moyen d'en obtenir tout ce qu'elle désiroit. La nature l'avoit traitée favorablement à cet égard; elle joignoit à beaucoup de pénétration un jugement sain, et une mémoire prodigieuse. Elle possédoit d'ailleurs tout le manége, toutes les petites ruses, que l'on assure peut-être à tort, être l'appanage de son sexe.

Ah ! mon cher Merlin, lui dioit-elle, que l'attente est cruelle, lorsqu'on desire vivement la présence d'un objet chéri. Mon cœur volait au-devant de vous, je tremblais que quelque beauté plus séduisante que moi, ne vous eut fait oublier votre Viviane ; j'en serois morte de douleur.— Non, ma chère amie, cela étoit impossible, lorsqu'on vous a connue, il est indispensable de vous adorer ; les sages, plus que d'autres, sont esclaves de leur parole.

Les momens s'écoulent rapidement auprès de l'objet aimé, le soleil avoit fini sa course, et Merlin pensoit n'être arrivé que depuis quelques instans. Vivianne dont le cœur étoit moins préoccupé, l'en fit appercevoir : mon cher maître, lui dit-elle, je dépend d'un père exigeant et sévère, il me voit préférer ce lieu et y rester une grande partie de la journée sans inquiétude, parce qu'il sait que personne n'a le pouvoir d'y pénétrer, mais la nuit approche, et la bienséance m'oblige de retourner auprès de lui. — Vous ne m'aimez donc pas, puisque vous m'abandonnez ; que ne me permettez vous de vous suivre, je serai invisible pour tout autre que pour vous; que risquez-vous, n'êtes vous pas mon épouse, ne m'avez-vous pas donné sur vous tout espèce de droit. — Non mon bon ami, je ne puis y consentir, ma chambre n'est séparée de la sienne que par une cloison, il peut nous surprendre pendant la nuit, ou dumoins nous entendre causer. — Que ce motif ne vous arrête pas, il est un moyen que je vais vous enseigner, de plonger dans le plus profond sommeil, tout homme qu'il vous plaira, sans qu'il puisse s'éveiller que vous ne l'ordonniez. — Ceci est bien pour la nuit, mais le jour, si je voulois être auprès de vous sans que personne s'en doutât. — Eh bien, apprenez le moyen de donner votre parfaite ressemblance à quelque corps, même inanimé, de manière à me tromper moi-même, si vous l'aviez entrepris. — A ce prix, mon cher Merlin, je m'abandonne à votre prudence, et je ferai tout ce que vous désirez.

Eh bien! ma trop charmante amie, qu'à cela ne tienne, pour que je sois heureux recevez la puissance que vous me demandez, que pourrai-je vous refuser, lorsque je vous ai donné mon cœur!

Viviane le prit par la main et le conduisit jusques dans son appartement, où il passa huit jours entiers dans un tête-à-tête, presque sans interruption, jouissant de tout ce qu'il pouvoit désirer, et possédant, sans aucune réserve, l'amie qui devoit un jour causer sa ruine.

Tant qu'elle lui avoit laissé quelque chose à désirer, l'Enchanteur n'avoit pas été sans crainte sur les suites de son amour. Voici pourquoi. Il avoit lu dans le livre du destin, que son sort dépendroit d'une femme adorée, et à laquelle il se seroit abandonné sans reserve, mais il savoit aussi que cette femme devoit avoir conservé toute sa pûreté, pour avoir sur lui pouvoir de vie et de mort, et grâces aux bontés de Viviane, il croyoit l'avoir réduite à l'impuissance de lui-nuire.

Cependant il se trompoit grossièrement, nous verrons dans la suite comment cette femme artificieuse avoit su profiter de ses propres leçons pour le tromper, et ne lui accorder que le fantôme du bonheur, lorsqu'il croyoit en savourer toute la réalité. Ah! sexe enchanteur, s'écrie le Romancier; de quoi l'esprit d'une femme ne vient-il pas à bout, lorsqu'il est animé par trois grandes passions, l'amour, l'ambition et la jalousie.

Celle-ci n'avoit pas d'amour, mais elle étoit possédée au suprême dégré par ces deux dernières passions; et le penchant de son amant pour la volupté la faisoit trembler; quelqu'autre femme, disoit elle, peut le subjuguer, et surprendre tous les secrets qu'il m'a appris, peut-être même beaucoup d'autres qu'il me laisse ignorer : alors je ne serois pas la plus savante de mon sexe ; ah ! plutôt périr que cela arrive jamais.

D'après ces réfléxions, elle redoubla de carresses pour s'emparer de plus en plus de son esprit, et tirer de lui tout ce qui pouvoit servir à la réussite de ses desseins. Merlin lui ayant annoncé qu'il ne pouvoit remettre son départ au delà du lendemain, elle témoigna la plus vive sensibilité à cette nouvelle. Mon cher ami, lui dit-elle, les secrets dont vous m'avez fait part ne peuvent me rassurer contre les dangers que je peux courir pendant votre absence ; surtout lorsque le théâtre de la guerre est aussi près de ce lieu. Un ennemi pourroit me susprendre à une distance assez grande de mon jardin, pour qu'il ne me fut plus possible de m'y réfugier ; dans ce cas là même je serois obligée de laisser à la merci d'hommes féroces, un père que je chéris tendrement et de voir réduire en cendres le lieu qu'il habite; de grace, donnez-moi le moyen de former une barrière impénétrable à tout le monde, et le pouvoir de fixer à ma volonté dans un lieu, celui que je voudrois retenir en captivité.

L'Enchanteur étoit trop amoureux pour lui refuser la moindre chose, il lui enseigna tout ce qu'elle désiroit, et prit congé d'elle en lui promettant que son absence ne seroit pas longue.

Il se rendit auprès d'Artus à qui il dit de faire rembarquer ses troupes qui devenoient inutiles, puisque la perte des ennemis les mettoit hors d'état de rien entreprendre de long-tems ; qu'il ne resteroit que peu de tems après, qu'il retourneroit ensuite à Logres d'où il devoit se rendre en Thamélide, accompagné seulement de cinq cens Chevalliers ; parce qu'il y étoit attendu avec la plus vive impatience par Léodagan et son aimable fille ; qu'il alloit faire un voyage indispensable, qu'il reviendroit sous peu de jours.

Merlin toujours indulgent pour les foiblesses du cœur, punissoit sévèrement les fautes qui tiroient leur origine de sa dépravation.

L'Impératrice de Rome, réunissoit à la plus éclatante beauté, les mœurs les plus corrompues. Jamais Messaline n'avoit poussé la débauche aussi loin; cependant, l'Empereur subjugué par cette femme artificieuse, ne voyoit rien de tout ce qui se passoit lui laissoit la liberté la plus absolue, et une autorité dont elle abusoit à chaque instant pour opprimer le foible et l'innocent.

Ici, l'on ne peut s'empêcher de faire une remarque qui n'est pas à l'avantage des connoissances du romancier; c'est que son ouvrage fourmille d'invraisemblances, d'anachronismes et de contradictions qui blessent toutes les vérités chronologiques et géographiques. Ces raisons m'ont obligé quelques fois de le rectifier, et de m'écarter de la route qu'il a suivie; voici un des plus frappans.

Dans ce tems, régnoit à Rome, un Empereur nommé Jules César, non pas celui qui fut massacré dans le sénat, mais un de ses successeurs, qui portoit le même nom.

Une nuit, qu'il étoit couché auprès de l'Impératrice, il fit un songe dont l'impression fut si profonde, qu'il résolut à tout prix de se le faire expliquer ; il alla même jusqu'à promettre sa propre fille en mariage à celui qui réussiroit.

Voici en quoi il consistoit. Une louve, portant sur sa tête une couronne d'or, sortoit de son propre appartement, et se rendoit sur la place publique, accompagnée de douze femelles de son espèce; mais qui bientôt étoient disparues pour faire place à douze Lionceaux, avec lesquels elle s'étoit successivement abandonnée en présence de tout le monde à tous les excès de la plus sale volupté ; que lui furieux d'une infamie aussi révoltante, l'avoit fait saisir avec tous

ses

ses complices, les avoit fait précipiter tous dans un bucher.

Il y avoit à la cour un jeune homme, Allemand de nation, dont tout le monde admiroit la bonne grâce et la régularité des mœurs ; personne ne connoissoit son origine, mais il s'étoit attiré la confiance et l'amitié de l'Empereur, qui le combloit de faveurs ; en récompense il étoit détesté de l'Impératrice, qui faisoit tout pour le perdre, parce qu'elle n'avoit pu le corrompre.

Ce fut de ce jeune homme, connu sous le nom de Grisandolas, que Merlin résolut de se servir pour faire punir le vice et récompenser la vertu. Les moyens ordinaires n'étoient pas dignes de lui ; le merveilleux qu'il employa causa à tout le monde la plus tgrande surprise.

Un cerf d'une force extraordinaire, parut tout-à-coup aux pores de la ville. Sa tête étoit chargée de cinq bois, tous d'une force, d'une forme et d'une matière différentes. Une meute nombreuse de chiens le poursuivoit en aboyant, et le força de traverser toutes les rues de la ville, jusques au Palais où il entra. Il visita successivement tous les appartemens, toujours suivi de la meute, et se précipita dans la salle où l'Empereur dînoit en nombreuse compagnie. Il sauta sur la table qu'il parcourût, également suivi des chiens, renversant et brisant tous les plats et les bouteilles, sans néanmoins faire de mal à personne. Il s'arrêta vis-àvis de Jules César, et après l'avoir fixé quelques instans; tu desire savoir, lui dit-il, l'explication de ton songe; un homme seul peut te satisfaire, et cet homme est un sauvage qui habite une forêt des environs de Rome; il n'est pas facile à saisir, mais un de tes courtisans peut y réussir; tâche de le découvrir. Aussitôt il s'élança vers la porte qu'on avoit barricadée avec le plus grand soin; mais il passa à travers avec autant de facilité que si ce n'eut été qu'une toile d'araignée; il sortit de la ville avec tout son cortège et disparut à quelque distance.

Grisandolas résolut aussitôt de tenter l'avanture. Il ne fit part de son dessein à personne, et partit le jour même, accompagné d'un seul écuyer. Il parcourut pendant deux jours les forêts, et le matin du troisième, il étoit assis au pied d'un arbre, lorsqu'il vit près de lui un sanglier prodigieux qui lui tint ce langage.

» Charmante Avenable, l'entre-
» prise que tu médite est au dessus
» de tes forces, mais je veux t'ai-
» der de mes conseils. Le sau-
» vage que tu cherche demeure
» à quelques pas d'ici, il n'est pas
» cruel, mais il est défiant : c'est
» par la ruse que tu le forceras de
» te suivre.

» Retourne à la ville la plus
» prochaine, fais y cuire des ga-
» teaux pétris avec du miel, et
» quelques pots de bon vin; de re-
» tour dans ce lieu, tu allumeras
» du feu, et feras rotir un mouton.
» Le sauvage attiré par l'odeur,
» s'approchera, tu lui laisseras le

» champ libre : alors il se jettera
» sur les provisions, et lorsqu'il
» aura mangé et bu avec avidité,
» il se livrera au someil: tu saisiras
» ce moment pour l'attacher for-
» tement sur une charette, et tu
» le conduiras au palais de l'em-
» pereur. « Après ces mots, le
sanglier s'enfuit.

Grisandolas revint avec peine
de la surprise que lui avoit causé
cet animal, et surtout de s'être
entendu donner un nom, sous lequel il étoit certain que personne
ne le connoissoit. Il se détermina
à suivre ce conseil, et réussit parfaitement. Le sauvage, à son
réveil, ne témoigna ni surprise,
ni colère de se voir attaché. Seulement il fit un grand éclat de
rire, en fixant son jeune conducteur, mais il ne proféra pas une

parole. Parvenu à la porte d'un monastère, où un grand nombre de pauvres attendoit l'aumone, il redoubla son rire, et continua ainsi à chaque objet nouveau qui se présentoit.

Le bruit de son arrestation se répandit bientôt dans tout le pays, et attira une foule prodigieuse de peuple. Arrivé au palais, on le conduisit dans une vaste salle, où l'empereur et toute sa cour se trouvoient réunis. Il en fit le tour, sans paroître surpris, mais son rire paroissoit inextinguible, à chaque courtisan qu'il fixoit. Enfin il s'arrêta devant Jules-Cæsar, et rompit enfin le silence.

« Souverain de Rome, lui dit-
» il, la curiosité devient un vice,
» et peut être nuisible, lors-
» qu'elle n'est pas dirigée par la

» prudence. Pour satisfaire la
» tienne, tu as promis des récom-
» penses excessives à celui qui at-
» tenteroit à ma liberté ; j'ai bien
» voulu m'y prêter ; réfléchis a-
» vant de me faire expliquer, il
» est des vérités penibles à ap-
» prendre. «

Je suis résolu à tout, pourvu que tu me tire de l'incertitude cruelle où m'a réduit un songe, reprit l'empereur, quelques terribles que soient ces vérités, je saurai les entendre avec fermeté.

« Eh bien, fais venir ici l'Impé-
» ratrice, surtout qu'elle soit ac-
» compagnée de sa suite, cela est
» nécessaire ».

L'ordre fut aussitôt donné, et peu de tems après elle parut, couverte d'étoffes prétieuses et de pierreries, mais plus éclatante encore par sa propre beauté. Un grand nombre de femmes l'entouroient, entr'autres, douze jeunes suivantes très-jolies qui ne l'abandonnoient jamais.

A sa vue, les ris du Sauvage redoublèrent : mais bientôt reprenant son sérieux, et se tournant vers l'Empereur, il lui tint ce discours :

« Ce n'est pas sans mistère que
» des éclats de rire m'ont échappé
» depuis que je me suis laissé
» conduire ici ; mais cela cessera
» de paroître extraordinaire à tout
» le monde, lorsqu'on saura que
» les apparences ne me trompent
» jamais, et que je sais le présent,
» le passé et l'avenir ».

» J'ai ri quatre fois. La pre-
» mière, lorsque je réfléchis
» qu'une jeune fille croyoit dis-

» poser de ma liberté ; que cette
» jeune fille passoit aux yeux de
» tout le monde pour un Cheva-
» lier intrépide, que l'Empereur
» se livroit pour elle à toute l'im-
» pulsion de l'amour, en ne le
» prenant que pour de la recon-
» noissance ; enfin, qu'elle même
» oublioit le sang dont elle est sor-
» tie, et la timidité naturelle à
» son sexe, pour flatter un hom-
» me qui se trouveroit trop heu-
» reux qu'elle acceptât sa main,
» s'il la connoissoit. »

» J'ai ri une seconde fois, en
» voyant une foule de pauvres,
» recevoir l'aumône d'hommes,
» qui, ayant fait vœu de pau-
» vreté, nagent dans l'abondance,
» et peuvent nourrir de leur su-
» perflu, une foule d'indigens;
» mais ce qu'il y avoit de plus

» plaisant, c'est que ces m'mes
» pauvres fouloient aux pieds des
» richesses beaucoup plus consi-
» dérables qu'il n'en eut fallu
» pour les faire tous jouir de l'a-
» bondance.

» La troisième fois, mon rire
» a été excité par la vue d'un
» grand nombre de personnes qui
» t'entourent, et dont la figure
» s'accorde mal avec leur ma-
» nière de penser. L'un court em-
» brasser avec de grandes dé-
» monstrations de zèle, l'homme
» qu'il cherche à perdre, cet au-
» tre loue avec exagération celui
» qu'il estime le moins ; la
» duplicité et l'hypocrisie se mon-
» trent ici sous toutes les formes.

» Enfin, tu m'as vu rire une
» quatrième fois, lorsque l'Im-
» pératrice est entrée ; mais c'é-

» toit le rire de l'indignation, de
« la colère et du mépris. Il est
» temps enfin que tu connoisse le
moustre d'iniquité que tu ac-
» cable de ton amitié ».

» C'est elle que ton songe t'in-
» diquoit sous la figure d'une
» louve, et les douze lionceaux
» auxquels elle se prostituoit en
» public, sont les douze jeunes
» gens qui la suivent partout sous
» l'habit de femmes, pour dé-
» guiser leur sexe. Toi seul
» ignore sa dépravation; dont per-
» sonne n'a encore osé t'instruire.
» Tu frémis, tu hésite; eh bien,
» convainc-toi de la vérité, fais
» les dépouiller en ta présence.

Ah ciel ! s'écria l'Empereur,
à quel monstre avais-je donc accordé mon amour ; mais déjà son
arrêt est prononcé, qu'on la traîne

au supplice ; que le feu délivre la terre de cette infâme louve et de ses complices : et vous, homme surprenant, à qui rien n'est caché, apprenez moi de grâce, quels sont les parents de l'aimable objet que j'ai en effet toujours cru un vaillant cavallier.

Sire, reprit le Sauvage, Grisandolas, ou plutôt Avenable, est fille d'un Prince Allemand, voisin du Duc Froyles, et ne lui cède point en puissance. Naturellement ami de la paix, et incapable de trahison, il ne prit aucune précaution contre un voisin ambitieux et sans foi. Froyles l'attaqua au dépourvu, le vainquit sans peine, le dépouilla de tous ses états et l'obligea de prendre la fuite avec sa famille.

Sa fille, âgé de quinze ans, fut

poursuivie et obligée de prendre une route opposée, pour échapper à ceux qui alloient l'atteindre ; ainsi, elle se trouva absolument livrée à elle-même, et sans espoir de retrouver ses parens. Heureusement elle possédoit quelques bijoux prétieux, elle les vendit, prit des habits d'homme pour être moins exposée, et se rendit à Rome où elle eut le bonheur d'être admise au nombre de vos pages; je ne vous dirai rien de sa conduite depuis ce moment ; vous la connoissez.

Son père et sa mère se retirèrent à Montpellier, dans les Gaules, où ils vivent de ce qu'ils ont sauvé des débris de leur fortune, pleurant la perte de leur fille, et s'occupant de l'éducation d'un fils déjà recommandable par ses vertus, et célèbre par des actions qui lui ont aquis la réputation d'un bon Chevalier. Je n'ai qu'un mot à ajouter ; tu as promis ta fille à celui qui me conduiroit devant toi, accorde la au frère, puisque la sœur te paroît digne de toi.

A présent, permets moi de me retirer, des affaires pressantes m'appellent ailleurs. L'Empereur ordonna qu'on ôtât ses chaînes, mais elles tombèrent aussitôt d'elles mêmes, il s'élança vers la porte et disparut, et l'on remarqua une inscription qui portoit en gros caractères:

Merlin l'Enchanteur.

Tout le monde resta dans l'étonnement, le Souverain fit partir des courriers chargés de ramener Mathan à Rome, et de lui annoncer le double mariage qu'il se proposoit de faire.

Des ambassadeurs furent aussi envoyés à Froyles pour lui signifier qu'il eut à évacuer le pays qu'il avoit usurpé ; sur son refus, on fit marcher contre lui une armée commandée par le jeune Mathan, qui le chassa lui-même de ses états et s'en rendit maître ; après quoi les deux mariages se firent à la satisfaction de tout le monde.

CHAPITRE XXVI.

COMBAT *entre les Sesnes et les Rois ligués ; ceux-ci sont deffaits, et se reconcilient avec Artus. Son voyage en Thamélide, ou il épouse la Princesse ; histoire des deux Genièvres ; conspiration et punition de Berthelais.*

LES querelles des tyrans ont toujours été fatales aux peuples. Les Souverains, *qui ne tiennent leur puissance que de Dieu et de leur épée*, sacrifient volontiers quelques milliers de leurs sujets à leur amour propre offensé, ou à leurs passions particulières.

La grande Bretagne étoit divisée entre un grand nombre de petits Princes, dont quelques-uns prenoient le titre de Rois. Trop foibles pour résister à un ennemi puissant, ils se réunissoient ordinairement lorsqu'ils étoient attaqués par des troupes nombreuses. Artus, aussi puissant lui seul que tous les autres, recevoit leurs hommages et étoit le chef de la ligue ; mais ils avoient contre lui la plus grande jalousie, et ne cherchoient qu'à lui nuire, lorsqu'ils en trouveroient l'occasion, ils avoient rompu toute espèce d'alliance avec lui.

Les Sesnes, déjà vaincus et repoussés en Thamélide, avoient réunis de nouvelles forces et faisoient les plus grands efforts pour se fixer dans un pays qui leur paroissoit charmant. Ils connoissoient cette mésintelligence et pensoient devoir saisir cette occasion.

Les Princes Bretons, de leur côté, réunirent leurs troupes en un seul corps d'armée, et se crurent assez forts pour livrer bataille. L'évènement ne leur fut pas favorable, ils furent battus à platte couture, et obligés d'abandonner la campagne et de se retirer dans les places fortes, avec ceux de leurs soldats qui avoient échappé au carnage.

Avant de se séparer, ils tinrent conseil sur les moyens qui leur restoient à prendre pour éviter une ruine totale.

» Seigneurs, s'écria un d'en-
» tr'eux, si nous sommes mal-
» heureux, n'en accusons que
» nous mêmes, c'est à notre désu-

» nion ; c'est à une mauvaise honte
» qu'il faut attribuer nos revers.
» En effet, si nous étions restés
» unis au Roi Artus, les Sesnes
» n'auroient osé nous attaquer,
» ou cette audace leur auroit coûté
» cher. Vous me diriez en vain que
» ce n'étoit qu'un enfant, que sa
» naissance paroissoit douteuse :
» des prodiges avoient confirmé
» son élévation ; il avoit l'appui
» de Merlin ; et depuis ce tems il
» a bien justifié par ses actions
» qu'il étoit digne de la place qu'il
» occupe ; nos ennemis le redou-
» tent, et nous mêmes avons éprou-
» vé combien il est brave ».

» Je pense donc que nous ne
» pouvons rien faire de mieux,
» que de négocier notre réconci-
» liation avec lui, en nous prêtant

» à tout ce qu'il pourra exiger de
» raisonnable ».

Ce discours fit la plus profonde impression sur toute l'assemblée ; chacun convenoit que c'étoit le seul moyen de sauver ses états d'une ruine totale, mais personne ne vouloit faire la première démarche. Le Roi Loth d'Orcanie, se montroit le plus récalcitrant. Quoi, disoit-il, je pourrais me réconcilier avec un homme qui m'a donné tant de sujets de plaintes, qui m'a enlevé toute ma famille, qui donne retraite à quatre de mes fils et à une femme qui....... il n'acheva pas.

Vous pouvez faire votre paix quand il vous plaira ; quand à moi je sais ce que j'ai à faire, c'est les armes à la main que j'espère lui faire connoître qu'on ne m'offense pas impunément.

Nous verrons dans la suite comment il s'y prit ; mais sa tentative ne lui fut pas favorable, et il se trouva fort heureux d'en être quitte pour une réconciliation.

Cependant Artus se disposoit à retourner en Thamélide, pour terminer son mariage. Il ne voulut mener avec lui qu'une escorte de quatre cent hommes ; mais il eut été difficile de réunir une troupe qui en approchât, soit pour la qualité de ceux qui la composoient, soit pour la richesse et l'élégance des armes et des habillemens. Les Chevalliers de la table ronde, les grands vassaux de la couronne, enfin, tous ceux qui s'étoient distingués par leur bravoure, en faisoient partie.

Léodagan qui étoit prévenu de leur arrivée, avoit donné des ordres pour qu'ils fussent reçus partout avec distinction, et traités avec magnificence, lui-même monta à cheval, suivi de toute sa cour, et fut au devant d'eux à plusieurs lieues de sa capitale.

Leur entrevue fut aussi cordiale qu'on devoit s'y attendre, et ils traversèrent la ville aux acclamations de tout le peuple, qui se souvenoit qu'Artus avoit été son libérateur. La Princesse les attendoit sur les marches du Palais, et témoigna au Roi toute la joie qu'elle ressentoit de son retour. Cela lui étoit permis; on se rappelle qu'ils étoient fiancés depuis long-tems.

Avant de passer outre, il faut rendre compte d'une singularité qui manqua être fatale à la fille de Léodagan, et qui dans la suite causa bien des chagrins à son époux. Cléodalis, Sénéchal de Thamélide, avoit épousé une personne d'une rare beauté et d'une complexion très-amoureuse. Léodagan, dont la femme étoit morte en couche de la Princesse, ne put deffendre son cœur contre ses charmes. La circonstance étoit favorable, le mari étoit parti depuis quelque tems pour une ambassade chez un Prince voisin. Bientôt les deux amans furent d'accord, ils ne gardèrent plus aucune mesure. La Sénéchale logeoit dans le Palais, et au bout de neuf mois elle donna le jour à une fille qu'elle voulut appeller Genièvre, comme celle de la Reine.

Le Sénéchal de retour de sa mission, ne prit pas en bonne part cette augmentation de sa famille;

mais trop bon courtisan pour témoigner ouvertement son mécontentement, il prit le parti de dissimuler, d'autant plus que sa femme mourut peu de tems après son retour. Le Roi lui sut le meilleur gré de sa conduite, et l'en récompensa par les honneurs et les richesses qu'il répandit à pleines mains sur sa famille.

La nature, en formant cette seconde Geniève, s'étoit plu à rassembler en elle toutes les perfections du corps et tous les vices du cœur ; il est vrai que son éducation avoit été prodigieusement négligée ; Cléodalis qui y prenoit très-peu d'intérêts, ne s'étoit pas inquiété de cet objet. Cependant sa ressemblance étoit si parfaite avec la fille du Roi, que la nourrice seule pouvoit la reconnoître, à un signe qu'elle avoit au dessous du sein.

On oublie difficilement une injure qui attaque l'honneur. La famille du Sénéchal, qui croyoit le sien compromis par le commerce du Roi avec leur parente, méditoit depuis longtems de se venger : elle crut l'occasion favorable et résolut d'en profiter.

C'étoit un homme appellé Berthelais, mauvais sujet, perdu de débauche et accablé de dettes, qui conduisoit cette intrigue.

Ce n'étoit point la vengeance de son honneur qui conduisoit cet homme, il avoit un autre intérêts. Depuis longtems il vivoit avec sa parente dans un commerce criminel, il étoit maître absolu de son esprit, et il espéroit, s'il parvenoit à la placer sur le trône, pouvoir satisfaire son goût pour la dépense et les plaisirs, puisqu'il seroit le canal par lequel passeroient toutes les grâces.

Pour réussir dans son dessein, il falloit corrompre la gouvernante de la Princesse, qui la livreroit entre ses mains et substitueroit à sa place sa maîtresse. Dix hommes devoient se trouver dans un jardin qui joignoit l'appartement, s'emparer d'elle, la conduire à un bateau qu'on tenoit prêt, et la faire périr, ou du moins la conduire si loin qu'on n'entendroit jamais parler d'elle.

Berthelais n'eut pas de peine à gagner cette femme à qui l'espoir d'une grande récompense fit promettre tout ce qu'il voulut; enfin, les choses étoient conduites avec tant d'art qu'il paroissoit impossible que le crime ne réussit pas.

Heureusement Merlin veilloit, et se chargeoit de rompre ces mesures, et de la punition des scélérats. Il fut trouver deux Chevalliers d'une discrétion et d'une valeur à toute épreuve, nommés Bretiaux et Ulsius, tous deux de la cour d'Artus.

Il leur dévoila toute la trâme, les fit armer et les plaça dans le jardin, vers un endroit par où devoient nécessairement passer les ravisseurs. Quoique ceux-ci fussent au nombre de dix, ils n'étoient armés que de leur épée, et les scélérats ne sont jamais braves; par ce moyen, l'enchanteur étoit plus certain que son secret ne transpireroit pas.

Dans ces tems éloignés, la cour des Rois ne regorgeoit pas d'une foule de serviteurs inutiles, dont tout l'emploi est de ruiner leur maître et d'épier ses actions ; ils se croyoient mieux deffendus par l'estime et l'amour de leurs sujets, que par le nombre de leurs gardes.

Une seule femme, sous le titre de gouvernante, servoit la Princesse, surveilloit ses actions et lui donnoit les principes d'une bonne éducation. C'étoit elle qui lui enseignoit à coudre, à filer et broder des écharpes et des cottes d'armes pour son père, et quelquefois pour son amant.

Pour donner une idée des mœurs et du style de la fin du douzième siècle, tems où fut composé ce Roman, nous allons rapporter les propres termes du Romancier.

» Quand la vieille seut que les
» Barons s'en furent partis, si fit

» la Reine déchaussier et dépouil-
» ler, comme pour s'en aller cou-
» cher, et lors la prit la vieille
» par la main et l'amena au jardin
» pour pisser ».

A peine fut-elle sortie de sa chambre, que les dix conjurés se jettèrent sur elle, lui mirent un mouchoir sur la bouche pour l'empêcher de crier, et l'entraînèrent vers la porte du jardin malgré sa deffense opiniâtre. Pendant que deux des plus vigoureux l'emportoient dans leurs bras, les huit autres remettoient la fausse Genièvre entre les mains de la vieille. Dans ces entrefaites, Bretiaux et Ulsius sortirent de leur embuscade et tombèrent sur ces scélérats. Six d'entr'eux mordirent la poussière des premiers coups, et tandis qu'Ulsius expédioit les deux autres, son camarade poursuivit ceux qui enlevoient la Princesse. Il les attaqua avec tant de vigueur qu'ils furent obligés de lâcher leur proye et de se mettre en deffense; mais cela ne retarda leur mort que de quelques instans, ils périrent bientôt sous ses coups.

La vieille avoit pris la fuite dès les premiers instans, mais elle tomba dans les mains d'Ulsius, qui lui fit sauter la tête d'un seul coup d'épée, et la punit de son crime par une mort trop douce. La fausse Genièvre, frappée de terreur, étoit tombée à côté d'un arbre, et la fille du roi s'étoit évanouie de frayeur. Ses deux libérateurs la prirent dans leurs bras et la portèrent sur son lit, après quoi ils vinrent prendre la coupable, qu'ils renfermèrent soigneusement dans une chambre grillée.

Pendant que ceci se passoit, Merlin prit le Roi en particulier. Sire, lui dit-il, il est arrivé des choses bien étranges dans l'appartement de votre fille, qui vient d'être délivrée du plus grand péril; elle n'a plus rien à craindre et se porte bien; mais sa gouvernante n'est plus, elle a payé de sa vie la trahison qu'elle avoit ourdie; il est trop tard pour vous en détailler les circonstances, vous saurez tout demain. Dans ce moment, il faut seulement envoyer quelques femmes auprès d'elle.

Le Roi fut frapppé de crainte et d'étonnement à cette nouvelle; il fit avertir trois dames de se rendre auprès de la Princesse, et lui même y courut. Elle venoit de reprendre ses sens, lorsqu'il entra. Elle lui conta ce qu'elle savoit, et le rassura sur sa santé. Artus ne savoit que penser du retard qu'on apportoit à ce qu'il fut rejoindre son épouse ; enfin on le lui permis, et il passa une nuit d'autant plus agréable, que celle-ci, par délicatesse, ne lui dit pas un mot de ce qui lui étoit arrivé.

Le lendemain matin, Léodagan assembla un conseil secret, dans lequel on n'admit que Merlin, Ulsius et Bretiaux. Après que Merlin et ceux-ci eurent développé toute la trame, on discuta sur le parti qu'il falloit prendre, pour punir les traîtres. L'avis de Merlin fut qu'on devoit envelopper le tout des plus profondes ténèbres, et surtout le cacher à Artus

tus, Léodagan y consentit, mais jura qu'il trouveroit bien moyen de s'en venger.

L'occasion s'en présenta dès le jour même; cependant il manqua de fermeté, et c'est à cette molesse qu'il faut attribuer tous les maux qui accablèrent dans la suite son infortunée fille, et qui précipitèrent la grande Bretagne dans un abyme de malheurs.

Cependant, il fit appeller Cléodalis; Sénéchal, lui dit-il, il s'est passé cette nuit des choses bien extraordinaires dans mon Palais. Votre fille y joue un grand rôle, et si je n'étois aussi persuadé de votre probité et de votre attachement pour moi, je penserois que vous avez trempé dans la plus affreuse conspiration. Alors il lui fit le détail de tout ce qui étoit arrivé ; il ajouta. J'exige de vous le silence le plus absolu , parceque le secret m'importe sur toutes choses, je fais grâce de la vie à votre fille , mais j'exige qu'elle sorte à l'instant de mes états, et que vous la fassiez renfermer dans un couvent d'où elle ne puisse jamais sortir, ni même révéler à personne ce qui s'est passé.

Sire , repliqua Cléodalis , vous pouvez vous livrer sans crainte à toute votre sévérité à l'égard de cette fille qui , certes , ne doit pas m'intéresser autant que vous ; cependant je ne refuserai pas de servir votre vengeance , son crime est trop atroce pour mériter aucune indulgence ; vos ordres seront exécutés ponctuellement ; j'espère lui ôter tous les moyens de jamais trahir personne.

Au moment où le Roi sortoit de son cabinet, on vit paroître quatre écuyers, portans le corps d'un Chevallier dont la poitrine étoit percée d'un coup d'épée, et suivis d'une nombreuse foule de peuple. Ah! Sire, s'écrièrent les écuyers en entrant dans la salle, vengez-nous, vengez la mort d'un innocent qu'un lâche assassin vient de priver de la vie.

« Cette nuit, vers les deux heu-
» res du matin, le Chevallier que
» vous voyez, venoit de souper
» chez un de ses parens, lorsque
» passant au coin d'une rue, un
» traître, nommé Berthelais, l'a
» attaqué, lui a plongé son épée
» dans le sein, avant que nous
» eussions le temps de voler à son
» secours, et l'a étendu mort sur
» la place, après quoi il s'est sau-

» vé dans son hôtel. Nous avons
» emporté le corps de notre infor-
» tuné maître, et nous venons sol-
» liciter votre justice ».

Berthelais appartenoit à une famille puissante, la loi exigeoit qu'il fut jugé en présence de ses pairs; Léodagan qui voulut donner à cette acte toute l'autenticité possible, convoqua aussitôt tous les Chevalliers de sa cour, et même les étrangers, pour être présens à ce procès. Il fit sommer en même temps l'accusé de comparoître devant son tribunal.

Jamais on n'avoit vu en Thamélide une assemblée aussi nombreuse et aussi auguste; soit par la quantité des Seigneurs, soit par la présence de plusieurs Souverains.

Malheureux, lui dit Léodagan

lorsqu'il se présenta, contemple le corps de ce Chevallier que tu es accusé d'avoir assassiné lâchement, et justifie-toi si tu le peux.

» Sire, reprit celui-ci, et vous
» illustres barons qui m'écoutez,
» il ne me sera pas aussi difficile
» qu'on pourroit le croire, d'é-
» loigner de moi l'imputation d'un
» assassinat; voici le fait. Le Che-
» vallier mort avoit débauché la
» femme d'un de mes parens, et
» vivoit avec elle dans un com-
» merce scandaleux. Son infor-
» tuné mari, ayant témoigné son
» mécontentement, celui-ci le
» provoqua en combat singulier,
» et le priva de la vie. Je jurai de
» venger son honneur et sa mort;
» vingt fois je lui ai proposé de
» se battre, mais il a toujours re-

» fusé de le faire ; enfin, hier au
» soir, je me trouvai sur son
» passage, je mis l'épée à la main
» en lui criant de se mettre en def-
» fense, il a refusé avec mépris et
» a voulu appeller à son secours ;
» alors l'indignation et la colère
» m'ont transportés, et je l'ai pu-
» ni d'un seul coup, de sa lâcheté
» et de son crime ; quiconque dit
» que je l'ai attaqué avec avantage
» et que je l'ai tué en trahison, en
» a menti, je lui offre la preuve
» du contraire par le combat;
» voici mon gage, que celui qui
» l'osera le releve, je suis prêt à
» lui faire raison ».

La réputation de Berthelais étoit trop connue pour que son discours produisit tout l'effet qu'il en attendoit ; mais la loi étoit pour lui, on ne pouvoit lui refuser le combat, et personne ne se présentant pour relever son gage, il se trouvoit déchargé de l'accusation ; cependant il fut condamné par les juges à un bannissement perpétuel, et ses biens furent confisqués au profit des parens du Chevallier mort. Nous verrons dans la suite comment il se vengea.

CHAPITRE XXVII.

DÉPART de Merlin, combat du Roi Loth, contre son fils Gauvain, qui le force à demander la vie ; sa reconciliation avec Artus.

MALGRÉ toute la considération dont jouissoit Merlin à la cour des Rois, il s'y déplaisoit et lui préféroit un désert du Northumberland, et la compagnie de son bon maître Blaise, qu'il avoit choisi pour son historien et son confident. La vue du bonheur dont jouissoit Artus avec Genièvre, lui rappelloit celui qui l'attendoit avec Viviane ; aussi prévint-il le

Roi qu'il alloit l'abandonner pour quelque temps, et qu'il le rejoindrait à Logres, avant la fin des joutes.

Après son départ, Artus résolut de retourner sous peu de tems dans ses états. Il fit appeller Gauvain et Yvain son frère, et leur dit qu'il falloit qu'il prissent le devant avec une partie de l'escorte, parce qu'il vouloit s'en retourner à petites journées pour ne point fatiguer la Reine ; que n'ayant aucun pays ennemis à traverser, trois cens hommes seroient plus que suffisans pour son escorte ; que d'ailleurs son intention étoit de célébrer son retour et son mariage avec toute la magnificence qu'il seroit possible d'y mettre.

Vous envoirez donc, aussi-tôt après votre arrivée, des courriers pour annoncer cette fête dans tous les pays voisins, et même dans les Gaules et en Italie, car je désire que l'affluence des Chevalliers soit extraordinaire. Vous ferez en même temps arriver le plus grand nombre possible de provisions de bouche, parceque l'abondance doit régner dans un lieu où l'on appelle la gaieté et les plaisirs. Vous ferez aussi préparer les lices pour les Tournois, et disposer une grande quantité de tentes et de logemens pour les étrangers; enfin, je m'en rapporte entièrement à vous pour tout ce que vous croirez nécessaire.

Avant de passer outre, il est bon d'expliquer ce que c'étoit que ces divertissemens, et ce qu'on entendoit par *Cour plénière*. Il y en avoit de deux sortes.

La première avoit lieu à l'époque des quatres grandes fêtes de l'année, surtout à la Saint-Jean ou à la Pentecôte, parce que la saison étoit plus propre aux divertissemens. Elle duroit ordinairement huit jours, et le Souverain, pendant ce tems, mangeoit en public, et admettoit à sa table quelques personnes recommandables par leurs belles qualités : il assistoit aux divertissemens, et quelques fois y prenoit part; c'étoit dans ces occasions que ceux des vassaux qui avoient à se plaindre contre les Barons, venoient demander justice au Souverain, qui la rendoit publiquement, à toute heure de la journée ; on appelloit cela *tenir les plaids.*

L'autre cour plénière étoit beaucoup plus rare. C'étoit toujours à la suite de quelqu'évènement extraordinaire qu'elle avoit lieu. Elle s'appelloit alors, COUR PLÉNIERE RENFORCIÉE.

Le Souverain y déployoit toute sa puissance, et paroissoit dans tout l'éclat du trône, une couronne d'or sur la tête, et revêtu de tous les attributs de la Souveraineté ; il mangeoit seul en public, et à une table séparée, entouré d'une garde nombreuse et magnifiquement vétue. Les grands Officiers portoient les marques de leurs charges et le servoient à table. Tous les grands vassaux, tous ceux qui lui devoient foi et hommage y assistoient, et se piquoient de relever l'éclat de la fête par leur magnificence. Ils se faisoient ordinairement accompagner de leurs femmes, de leurs enfans, d'une foule de Chevaliers leurs vassaux, et de domestiques.

Tant que duroit ce tems privilégié, le cours de la justice ordinaire étoit suspendu, aucun débiteur ne pouvoit être arrêté ni détenu, les ennemis de l'état, et les criminels même jouissoient du droit de franchise. Le Palais étoit ouvert à tout le monde, et les grâces se répandoient à pleines mains.

Enfin, quiconque se conformoit aux loix particulières, qui n'étoient en vigueur que dans ces grandes occasions, pouvoit compter sur la protection la plus étendue. Gauvain et son frère se chargèrent avec plaisir de cette mission, mais ils représentèrent au Roi qu'il ne devoit pas se mettre en marche sans une escorte nombreuse, et il consentit à garder presque toute celle qui l'avoit amené, ses neveux emmenèrent le reste.

Un mois après, Artus partit avec son épouse. Il marchoit à très-petites journées et s'arrêtoit dans tous les lieux où il croyoit pouvoir lui procurer du plaisir, surtout dans de vastes plaines, ou il lui donnoit celui de la chasse. Il traversa de cette manière tous les états de son beau-père, ceux de quelques Princes voisins; il n'étoit plus qu'à deux journées de son royaume, lorsque les courriers qui alloient toujours en avant, vinrent l'avertir qu'ils avoient découvert un gros de cavalerie, qu'ils soubçonnoient avoir des intentions hostiles.

Artus fut d'autant plus étonné qu'il s'attendoit moins à cette rencontre ; cependant il ne perdit pas de tems pour donner des ordres. Il fit venir Agravain; que chacun s'arme avec la plus grande diligence, dit-il, et tandis que je rangerai la troupe en bataille, prenez soixante Chevalliers de la table ronde, placez la Reine au centre, et lorsque le combat s'engagera, éloignez vous le plus qu'il sera possible, pour lui éviter la frayeur et le danger qu'elle pourroit courir, soit d'être blessée, soit d'être arrêtée prisonnière, si le sort du combat ne nous étoit pas favorable.

A peine toutes ces dispositions étoient-elles effectuées, qu'on vit paroître la troupe ennemie, qui fondit sur les Bretons à grande course de cheval. Le premier choc fut rude et couta la vie à plusieurs braves gens; les assaillans se battoient comme des lions, et malgré la valeur de l'escorte du Roi, et les efforts prodigieux qu'il faisoit, ses soldats commençoient à reculer, pressés par le nombre, lorsqu'on vit paroître une autre troupe qui s'avançoit au grand galop, vers le lieu du combat. Boors fut le premier qui reconnut l'enseigne de Gauvain. Courage, cria-t-il à ses compagnons, la victoire est à nous, le brave Gauvain arrive à notre secours.

Cette nouvelle troupe eut bientôt rétabli le combat ; mais leur chef, qui avoit vu la bravoure de celui des ennemis, résolut de s'attacher à lui et de le combattre, comme le plus sur moyen de décider la victoire. A moi, lui cria-t-il t-il en l'abordant ; te vais te prouver combien il est dangereux d'attaquer un Souverain comme Artus.

Celui-ci saisit une forte lance et fondit sur son adversaire, qui de son côté fournit sa carrière avec tant de force, qu'elles furent brisées jusques dans les gantelets. Gauvain passa ferme dans la selle; mais son ennemi fut renversé de son cheval, sans pouvoir se relever. Il sauta aussitôt à terre, et le saisissant par la visière ; rends toi, lui dit il, ou tu est mort. Ah ! bon Chevalier, lui dit celui-ci, je me reconnois vaincu, je ferai tout ce que tu voudras ; mais au nom de dieu, apprend moi le nom de mon vainqueur. — Je m'appelle Gauvain. — Ah ! justes dieux, s'écria le vaincu, comment permettez-vous qu'un fils arrache la vie à son père. Vois, malheureux, contemple mon sang que tu as fait couler, achève ton parricide, donne moi la mort, après m'avoir ôté l'honneur . . . Il ne te reste qu'un moyen d'éviter ma malédiction, aides-moi à me vanger d'un homme qui m'a cruellement offensé. — Ah ! qu'osez-vous me proposer, la colère vous aveugle; serai-je digne d'être votre fils, si je me rendois coupable de la plus noire trahison, en tournant contre mon bienfaiteur sa propre épée. Daignez plutôt faire des réfléxions sur la manière dont il nous a traités, sur celle avec laquelle il a donné retraite à notre mère et à son jeune fils Mordrec, enfin, sur le desir qu'il a de vous compter au nombre de ses amis.

Oui je me rends, s'écria Loth, en embrassant tendrement son fils; je reconnais mes torts, faisons cesser un combat funeste, et conduis moi vers Artus avec qui je brûle de me réconcilier; plaise à Dieu que je répare le mal que je lui ai fait, par les services que je lui rendrai.

Aussitôt, Loth et Gauvain firent battre la retraite, et ce dernier fut trouver son oncle auquel il conta tout ce qui venoit de se passer entre son père et lui. Artus lui marqua la plus vive satisfaction de cet évènement, et lui dit de le conduire à sa tente, ou il alloit l'attendre.

Le Roi d'Orcanie s'y rendit peu de tems après, et voulut commencer un discours pour témoigner à son Suzerain le repentir dont il étoit touché ; mais celui-ci l'interrompit en l'embrassant, et en lui disant qu'il falloit oublier le passé, et que son amitié le dédomageroit amplement.

Aussitôt les deux troupes se confondirent et se livrèrent à la joie qu'inspiroit un évènement aussi heureux. Genièvre elle-même, qui étoit revenue lorsque le combat avoit cessé, témoigna à Loth tout le plaisir qu'elle auroit de le compter au nombre de ses amis.

L'amitié et la confiance la plus intime s'établirent promptement entre deux hommes, qui déjà s'estimoient. Artus engagea Loth à venir à Logres reprendre sa femme et son fils ; trois jours après ils y arrivèrent. Les habitans témoignèrent par toutes sortes de réjouissances, la satisfaction qu'ils éprouvèrent de son retour, et de son mariage avec une Princesse aussi accomplie.

Nous verrons dans le chapitre suivant le détail curieux de la solemnité qui accompagna l'ouverture de la cour plénière, et les évènemens importans qui en furent la suite.

CHAPITRE XXVII.

OUVERTURE *de la cour* PLÉNIÈRE EFFORCIÉE *Cérémonies qui se pratiquèrent. Vœux du Roi, de la Reine, des Chevalliers de la Table ronde, et de ceux appellés* NOUVEAUX. *Tournoi qui dégénéra en une véritable bataille, accord des deux partis.*

DÉJA toute la plaine qui environne la ville de Logres, étoit couverte de tentes et de riches pavillons; une immense quantité de peuple remplissoit les maisons, et l'on ne voyoit de tous les côtés que Chevalliers et dames étrangères. Enfin, le jour de la fête arriva.

L'aurore paroissoit à peine, qu'une musique guerrière retentit dans toute la ville, et annonça l'ouverture de la solemnité. A huit heures, tout le cortège, vêtu magnifiquement, traversa une partie de la ville à pied. Les quatre Rois et les deux Reines, la couronne d'or sur la tête, vêtus de longs manteaux richement brodés et couverts de pierreries, marchoient au milieu d'une multitude d'Officiers de la couronne et de Chevalliers formans leur garde.

Toutes les rues par lesquelles passa le cortège, étoient garnies de riches tapisseries, et l'on avoit répandu des fleurs sur le pavé. Les balcons étoient remplis d'hommes et de femmes que la curiosité avoit attirés.

On se rendit d'abord à l'Eglise, où le service se fit avec une solemnité extraordinaire : l'Archevêque de Logres officioit, accompagné de tout le clergé de la ville. On reprit ensuite le chemin du Palais, dans le même ordre.

Dans le milieu d'une salle immense, on avoit élevé une estrade couverte d'un pavillon, sur laquelle on avoit placé la table d'Artus et Genièvre. A côté et un peu plus bas, étoit celle des quatre Rois et de la Reine d'Orcanie ; enfin, tout le pourtour étoit occupé par d'autres, où devoient s'asseoir les Barons et les Chevalliers, selon le rang qu'ils occupoient.

Gauvain, ses frères, Treux

le Sénéchal, et vingt-quatre autres, servoient les tables des Souverains, les autres l'étoient par des personnages moins considérables.

Vers la fin du repas, Artus se livrant à tout l'enthousiasme qu'excitoit la présence d'une assemblée aussi auguste, se leva de son trône, et après avoir promené quelques instans ses regards satisfaits sur toute la salle, prononça le discours suivant.

» Illustres Chevaliers qui avez
» bien voulu honorer cette fête
» de votre présence ; et vous, mes
» braves compagnons d'armes,
» mes amis, recevez les vœux
» que je vais faire : je vous en
» rend les dépositaires ; que cha-
» cun de vous m'en rappelle le
» souvenir, si jamais je pouvois
» m'en écarter.

» Je promets, lorsque pa-
» reille solemnité aura lieu, de
» tout quitter pour rendre la jus-
» tice à celui qui me la deman-
» dera, contre tout le monde ;
» contre moi-même si cela ar-
» rive ».

» Je jure de protéger la veuve,
» l'orphelin, l'opprimé et le foi-
» ble, contre un injuste aggres-
» seur, et pour cela d'armer mon
» bras pour les venger, quelle
» que soit l'avanture qu'il fau-
» dra éprouver ».

« Je renonce enfin à toutes
» les vaines distinctions qui me
» séparent de vous ; je ne veux
» qu'une même table ; toutes ces
» marques d'honneur doivent dis-
» paroître au milieu de ses amis ;
» vous avez partagé mes fati-
» gues et mes dangers à la guerre,

» vous devez aussi partager tous
» mes plaisirs.

Ce discours reçut des applaudissemens sans nombre, et l'estime qu'on avoit pour lui fut portée au plus haut dégré ; les Chevaliers de la table ronde furent les plus empressés à lui en donner des marques ; et après avoir conféré ensemble quelques instans, Nastiens, qu'ils avoient choisi pour leur chef, prononça ce discours.

» Roi de la grande Bretagne,
» nous ne sommes pas nés vos su-
» jets, mais vos vertus et votre
» courage nous ont attachés à
» vous ; voici notre vœu. Nous
» jurons de vous rester toujours
» unis ; de marcher ensemble ou
» séparément, chaque fois que
» vous l'ordonnerez, soit pour

» votre deffense et celle de vos
» états, soit pour celle de ceux
» auxquels vous vous intéresse-
» rez ; surtout les dames, pour
» lesquelles nous combattrons
» leurs oppresseurs, corps à corps
» et sans avantage ; en exigeant
» d'elles, cependant, le serment
» que leur cause est juste ».

Après ce discours, qui fut couvert d'applaudissemens, les nouveaux chevalliers et les plus renommés de ceux qui n'étoient pas de la table ronde, se concertèrent ensemble sur ce qu'ils devoient faire, et Gauvain, qui les présidoit, s'exprima ainsi.

» Nous aussi, respectable sou-
» verain, nous venons déposer
» notre vœu entre vos mains, en
» présence de cette auguste as-
» semblée ; mais son exécution

» dépend de la volonté de notre
» Souveraine. Adorable Genièvre,
» dit-il, en se tournant vers elle,
» nous faisons serment de porter
» à jamais le titre glorieux de vos
» Chevaliers, de n'en prendre
» aucun autre dans les différens
» pays où nous parviendrons.
» Nous deffendrons spécialement
« votre vie et votre honneur, en-
» vers et contre tous, et nous ac-
» corderons la même protection
» à toute dame et demoiselle op-
» primée injustement. Nous nous
» engageons de plus, à ne pas at-
» tendre qu'on vienne l'implorer
» ici, mais nous parcourerons les
» différens pays pour chercher les
» avantures glorieuses, et nous ne
» reviendrons qu'au bout d'une
» année révolue, à moins que
» vous ne nous rappelliez ».

Ah! beau neveu, et vous braves Chevalliers, qui me traittez si honorablement, s'écria la Reine attendrie jusqu'aux larmes, recevez tous mes remercimens : oui j'accepte vos offres qui ne peuvent que m'honorer, et je vous accorde de tout mon cœur votre demande ; regardez-moi toujours comme votre meilleure amie.

« Sire, dit-elle au Roi, je n'ai qu'un moyen de m'acquiter ; daignez me permettre de le proposer. Je désire que dans ce Palais même, vous placiez quatre clercs, dont l'unique emploi sera de tenir une note historique bien exacte, de toute les belles actions des Chevalliers qui vous sont attachés. Cela servira à exciter l'émulation de ceux qui voudroient suivre la même carrière. »

Oh! combien volontiers j'adopte votre projet, s'écria Artus, en l'embrassant avec tendresse ; il est digne de vous et de moi ; à compter de ce jour, mon trésorier vous comptera non seulement les sommes nécessaires à cet établissement ; mais je veux encore que vous disposiez comme moi-même de toutes celles dont vous pourrez avoir besoin, sans que jamais vous soyez obligée de rendre compte.

Le temps s'écoula rapidement, pendant que ces propositions se faisoient; et déjà l'heure appelloit les Chevaliers au tournoi. Bientôt les trompêtes avertirent les Chevalliers d'aller s'armer, et peu après la place fut couverte de jeunes gens qui brûloient de signaler leur force et leur adresse.

Peu-après, ils se réunirent sous deux chefs, et se divisèrent en deux quadrilles qui devoient donner le spectacle d'un combat singulier; spectacle bien dangereux, car il en couloit toujours des blessures dangereuses, et quelquefois la vie, à plusieurs des combattans.

Les Chevaliers de la table ronde, sous la conduite de Nastiens, ancien militaire d'une bravoure et d'une probité reconnues, composoient le premier quadrille; dans le second, qui leur étoit opposé, se trouvoient tous les nouveaux Chevaliers, et beaucoup d'autres sous le nom de Chevalliers de la Reine.

Les lois de ces sortes de combats proscrivoient les armes offensives; les épées n'avoient pas de pointe, et il n'étoit pas permis de de les avoir tranchantes ; les lances avoient aussi un fer émoussé ; ainsi, on ne pouvoit recevoir que des contusions ; mais il est des hommes entre les mains desquels toutes les armes sont redoutables.

On devoit aussi combattre sans avantage de nombre ; c'est-à-dire un contre un, ou cent contre cent, selon la convention ; cependant le parti qui avoit du désavantage, pouvoit appeller à son secours ceux qui deffendoient la même cause ; et alors les adversaires en faisoient entrer autant.

Boors savoit qu'il existoit entre les Chevaliers de la Reine et ceux de la table ronde, une émulation de gloire dont ceux-ci avoient laissé percer quelques traits marquans, au tournoi qui eut lieu en Thamélide, après les noces de

Genièvre. Il craignoit avec raison, que cette émulation ne dégénérat en animosité pendant celui qui alloit avoir lieu, et que cela ne produisit quelque mauvais effet. Il fit part de ses craintes au Roi, qui les approuva, et crut devoir prendre les plus grandes précautions.

Mon cher neveu, dit-il à Gauvain, qu'il avoit fait appeller, je connois votre prudence et votre courage, c'est sur vous que je me repose pour le maintien du bon ordre. Je vous remets à cet effet toute mon autorité, et j'approuve d'avance tout ce que vous ferez. Surtout, veillez avec exactitude aux mouvemens des combattans ; séparez les dès que vous vous appercevrez que le dépit et l'animosité s'en mêleront.

Lorsqu'il fut éloigné, le Roi d'Orcanie, qui savoit à quel point cette jeunesse étoit bouillante et impétueuse, dit à ceux qui l'entouroient ; mes amis, la précaution que nous avons prise ne me paroit pas suffisante, je tremble qu'il n'arrive de grands malheurs; que risquons nous d'assister à la fête revêtus de nos armes ; c'est là le véritable ornement du guerrier. Je pense qu'il faut en outre, avoir un corps de réserve considérable, à la tête duquel nous marcherons, si la nécessité nous y force ; l'évènement ne tarda pas à justifier combien ces craintes étoient fondées.

Lorsque Gauvain arriva, comme juge du camp ; le tournoi étoit commencé, et les Chevaliers de la Reine avoient repoussé leurs adversaires presque jusqu'aux lices du camp; mais il étoit facile de voir que ceux de la table ronde succomberoient et seroient obligés d'abandonner à leurs adversaires la gloire de cette journée.

Ce qui se passa prouve jusqu'ou l'amour propre offensé, et le desir de la vengeance peut égarer l'homme le plus brave et le plus vertueux. Ces Chevaliers de la table ronde, dont la réputation de loyauté étoit vantée par tous ceux qui les connoissoient, se portèrent à une extrémité cruelle et déshonorante.

Quelques-uns d'entr'eux se retirèrent du combat, pour méditer sur les moyens de soutenir l'honneur de leur parti ; peu à peu leurs têtes s'échauffèrent tellement, que laissans leurs lances et leurs épées de tournois, ils prirent celles de bataille. On ne tarda pas s'appercevoir de cette supercherie condamnable. Plusieurs de leurs adversaires virent couler leur sang, les uns par de profondes blessures de pointe, les autres par des coups de taille.

Gauvain et quelques autres causoient tranquillement lorsqu'on vint leur annoncer cette nouvelle. *Ce n'est mais Dieu*, s'écria celui-ci, *je ne puis croire telle vilenie d'hommes braves, mais s'il est vrai, ils .acompareront chèrement. Voyons ce fait par nou-même.*

Ils se levoient pour s'en éclaircir, lorsqu'on apporta deux de leurs amis, l'un perdant tout son sang par une blessure dangereuse, l'autre mort d'un coup de lance. *Ah! Traîtres, infâmes*, s'écrièrent-ils avec rage , nous en prendrons vengeance , votre triomphe ne sera pas de longue durée ; en même tems ils envoyèrent chercher leurs bonnes armes et leurs épées avec lesquelles ils se jettèrent comme des tigres sur leurs ennemis et en blessèrent un grand nombre.

Gauvain ayant apperçu Nastiens , le chef du quadrille , courut sur lui en le menaçant , et lui portant un coup d'épée. Celui-ci opposa son bouclier qui fut fendu en deux ; mais la terrible escalibor ne rencontrant qu'une médiocre résistance , tomba sur la tête du cheval qu'elle partagea en deux.

Nastiens se releva aussitôt , et regardant avec indignation son adversaire; Gauvain , je te croyois brave et loyal , mais la crainte de la mort ne m'empêchera pas de dire que tu fais l'action d'un lâche ; sont-ce là les armes d'un tournoi ? Et toi, juge du camp, remplis-tu ton devoir en nous attaquant avec des armes deffendues.

Le respect que les cheveux blancs de Nastien, sa bravoure et sa vertu inspiroient, arrêta Gauvain malgré sa colère. Brave Chevalier, lui dit-il, si je ne vous connoissois pas autant, je prendrois ce que vous me dites pour une insulte, ou pour une raillerie ; comment est-il possible que vous ignoriez que vos compagnons sont seuls coupables, puisqu'ils nous ont forcés à nous deffendre, en assassinant à armes inégales plusieurs de mes compagnons. — Eh ! bien reprit l'autre, il faut que les coupables soient punis, mais leur exemple ne doit pas nous autoriser à commettre des crimes, séparons les, nous examinerons ensuite ceux qui ont tort, ils n'échapperont pas à la vengeance des loix.

Soit, reprit Gauvain, en remettant son épée dans le fourreau, je te jure de ne plus m'en servir; mais malheur à celui qui n'obéira pas assez promptement. En disant cela il s'éloigna et donna des ordres aux trompêtes pour sonner la retraite; mais voyant que les Chevalliers de la table ronde y avoient peu d'égards et s'obstinoient à frapper; sur mon honneur, s'écria-t-il, canailles, vous vous repentirez de votre obstination.

Il avoit promis de ne pas faire usage de son épée, sa parole étoit inviolable, mais il se servit d'un autre expédient. Il courut vers un ormeau situé à l'extrémité de la prairie, et saisissant la plus grosse branche, il l'arracha sans peine, et la façonnant avec son épée, il en fit une massue d'une pesanteur terrible, avec laquelle il vola au lieu du combat. Puisque vous le voulez, s'écria-t-il en arrivant, il faut vous satisfaire. En même tems il déchargeoit à deux mains son levier sur tous ceux de la table ronde, et ses coups étoient si pesans, qu'il fracassoit les casques, et souvant écrasoit l'homme et le cheval.

Aussitôt que les Rois apprirent le désordre, ils s'y rendirent en diligence, à la tête d'un corps de réserve. Ils furent effrayés du désordre qui régnoit, et de la fureur des combattans.

Quels sont donc les agresseurs, s'écria Artus, en se jettant au milieu des plus acharnés ? est-ce là un amusement ou bien un champ de bataille ? Chevaliers, que chacun se retire chez lui, et y attende ma décision ; malheur aux coupables.

Cette fermeté produisit le meilleur effet ; en un moment le combat cessa et les lices se trouvèrent vides. On emporta les morts et et les blessés ; les fêtes furent interrompues, et l'on s'occupa bientôt d'affaires plus importantes.

Il fut plus facile qu'on ne l'auroit pensé de rapprocher les deux partis ; les Chevaliers de la Reine avoient peu de leurs amis à regretter, aulieu que ceux de la table ronde étoient blessés pour la plus grande partie, et plusieurs avoient perdu la vie.

Eux-mêmes avoient été les agresseurs, et ils devoient se trouver trop heureux que les choses ne fussent pas poussées plus loin. Une autre raison, encore, les ren doit plus traitables ; presque tous étoient des avanturiers qui n'avoient pour exister que leur valeur et leur épée, tandis que leurs adversaires, ou fils de Rois, ou grand Seigneurs eux-mêmes, pouvoient les accabler de leur crédit et de leurs forces. Dans la suite, Artus leur rendit toute leur splendeur, en n'y admettant que ceux qui étoient en effets dignes de s'asseoir à la fameuse table d'institution. Malgré cette réconciliation, il resta dans l'âme de plusieurs, un levain de vengeance qui éclata en plusieurs rencontres, et dont nous verrons quelques exemples.

Cette affaire donna lieu au conseil du Roi, d'en traitter une beaucoup plus importante. Seigneur, dit le Roi de Gauves, nous venons de mettre fin à un démêlé qui pouvoit avoir les suites les plus funestes ; je crains que ce ne soit un feu mal éteint, qui se réveillera au premier tournois; évitons ce malheur en les supprimant de nos fêtes, ou du moins en les reculant à une époque assez éloignée pour que tout soit absolument oublié.

Les raisons que vous alléguès, s'écria Ban de Benoic, sont excellentes, mais ce parti entraîne de grands inconvéniens. Notre jeunesse s'amolira dans l'oisiveté, et perdra ce courage mâle qui produit les héros ; faisons mieux, les Sesnes, ces ennemis implacables ravagent nos contrées ; déjà on peut nous accuser d'insouciance et de pusillanimité, réunissons nos troupes, marchons à eux, et ne remettons l'épée dans le foureau, que lorsqu'il n'en restera plus un seul.

J'appuie votre avis, reprit Loth d'Orcanie ; mais je veux lui donner encore plus d'extension. Les malheurs de notre patrie ont leur origine dans le peu d'union qui règne entre les différens Souverains de cette contrée ; c'est à notre désunion qu'il faut attribuer les progrès des barbares et la ruine de nos campagnes. Il est digne de nous de les faire cesser, et de rapprocher par une alliance durable, tous ceux qui peuvent y contribuer. Formons entre tous une ligue offensive et deffensive contre les barbares, et convenons du lieu où se rassembleront les troupes. Je sais que ce projet entraîne beaucoup de difficultés et de longueurs ; mais j'espère que nous les léverons d'autant plus facilement que je connois les dispositions de plusieurs Souverains ; ceux-là détermineront les autres à vaincre leur répugnance.

Toutes les propositions qu'on a faites jusqu'ici, reprit Artus en se levant, sont de la plus grande sagesse; je pense que nous ne pouvons apporter aucun retard à leur exécution. Le Roi d'Orcanie a été l'ami, le compagnon d'armes de la plus part de ceux dont nous désirons l'alliance ; quel autre pourroit remplir notre but plus utilement; lui seul peut leur inspirer de la confiance.

Je pense que vous n'aurez pas besoin d'escorte, dit-il en lui adressant la parole, vos quatre fils seuls vous accompagneront; par ce moyen vous ferez plus de diligence, et les ennemis qui ne seront pas avertis de votre départ, ne pourront vous dresser d'embuscade.

Tout le conseil approuva cette idée, contre laquelle Loth lui-même ne fit aucune objection; mais ils craignit que ses fils ne fussent pas aussi disposés à s'éloigner d'une cour où la beauté des dames pouvoit les retenir enchaînés. Genèvre, qui avoit assisté au conseil se chargea de cette commission.

Elle fit avertir Gauvain et ses frères de venir lui parler. Chevaliers, leur dit-elle, votre père vient d'être chargé d'une mission importante pour l'état, et l'on a décidé que vous seuls lui serviriez d'escorte ; comme mes Chevalliers, je pourrois vous donner ordre de le faire, mais votre amour pour la patrie vous déterminera certainement sans cela.

Les fils de Loth l'assurèrent que rien ne pourroit balancer le desir qu'ils avoient de lui plaire, ; mais qu'ils auroient d'autant moins de mérite à obéir, que tout leur faisoit un devoir de ne pas hésiter.

Aussitôt ils donnèrent ordre à leurs écuyers de préparer leurs équipages ; et de leur apprêter des chevaux de route, afin de ne pas fatiguer celui de bataille, lorsqu'ils auroient besoin de s'en servir : nous les laisserons partir, et nous nous occuperons quelques instans d'un autre objet.

CHAPITRE XXVIII.

Amours de Morgain, sœur de la Reine d'Orcanie, avantures de Loth et de ses enfans, pendant leur voyage. Conquête du fameux cheval Gringallet.

La Reine d'Orcanie avoit une sœur nommée Morgain, beaucoup plus jeune qu'elle, et d'une beauté remarquable. C'étoit une brune piquante, dont les yeux brilloient d'un feu qu'on ne pouvoit soutenir, et respiroient la volupté. Son teint étoit de la plus grande blancheur, et ses cheveux noirs comme l'ébéne, descendoient en grosses boucles jusqu'à ses talons. Sa taille étoit moyenne et bien prise, sa main et sa gorge admirables, surtout par la blancheur et la fermeté.

A tous ces avantages, elle joignoit un esprit pénétrant, cultivé et doux, qui la faisoient aimer de tous ceux qui la voyoient. La nature l'avoit douée d'une adresse singulière pour toutes sortes d'ouvrages, et le desir de s'instruire et de pénétrer les secrets de la nature, étoit pour elle un besoin auquel elle auroit tout sacrifié.

Avec des perfections aussi rares, elle ne pouvoit manquer de faire beaucoup de conquêtes à la cour d'Artus, où elle étoit venue joindre sa sœur; Merlin lui-même n'avoit pu se deffendre du desir de connoître par lui-même combien elle méritoit l'amitié d'un galant homme, et si son cœur eut été libre, ou Vivianne moins séduisante, peut-être Morgain l'eut-elle fixé. Cependant il n'avoit pu lui refuser la connoissance de plusieurs secrets assez importans, qu'elle se promettoit bien d'augmenter, si elle parvenoit à lui plaire davantage ; mais elle ne réussit pas, et cette liaison n'eut de suite sérieuse que parce qu'elle excita la jalousie de Vivianne, et fut cause de la perte de son amant.

La jeune Morgain avoit le cœur porté à l'amour ; elle ne put deffendre le sien contre celui que lui inspira un jeune Chevalier de la cour, nommé Guyomar, déjà recommandable par plusieurs belles actions, et qui réunissoit la force d'Hercule, à la beauté d'Adonis.

Il n'avoit jamais eu une haute idée de la vertu des femmes, parce qu'il n'en avoit pas encore rencontré une seule cruelle. Depuis longtems il avoit remarqué la charmante figure de la Princesse; il lui avoit lancé des œillades que celle-ci lui avoit rendues d'une manière propre à l'encourager; il ne lui manquoit qu'une occasion pour tenter la fortune; elle ne tarda pas à se présenter.

Morgain passoit une partie de la matinée dans sa chambre, seule, occupée à faire différens ouvrages à l'éguille. Guyomar qui épioit un moment favorable, saisit celui-ci, et s'approcha d'elle avec timidité. Charmante Princesse, lui dit-il, tout le monde admire vos ouvrages, tandis que je ne vois que vous même; oh! combien seroit heureux celui qui auroit le bonheur de vous plaire. Les regards de la jeune personne s'animèrent à ces paroles, elle engagea le Chevalier à s'approcher et à s'asseoir auprès d'elle; celui-ci soutint la conversation avec beaucoup d'esprit, et sut lui persuader avec tant d'art, qu'il la préféroit à toutes les autres femmes, qu'elle ne put se fâcher lorsqu'il hazarda quelques caresses. Enfin, il sut se conduire si adroitement, que bientôt *elle lui accorda le don d'amoureuse merci.*

Elle lui fit d'abord quelques reproches sur sa témérité; mais il sut si bien mériter son pardon, qu'avant de le congédier, elle lui fit promettre de revenir le plus souvent qu'il lui seroit possible. Bientôt sa passion ne connut plus de bornes ; toute la cour eut connoissance de cette intrigue ; enfin, elle fit tant de bruit, que Genièvre elle-même en fut informée.

Son cœur ne connoissoit pas encore la tyrannie des passions violentes ; il étoit réservé à Lancelot du Lac de la lui inspirer. Elle avertit plusieurs fois Morgain de sacrifier son amour à la décence, et de ménager sa réputation ; celle-ci n'ayant eu aucun égard à ses avis, la Reine se crut obligée d'en instruire Artus, qui donna ordre à Guyomar de quitter ses états, et de ne jamais y rentrer.

Cette sévérité inspira à la princesse, la haine la plus implacable contre la Reine, qu'elle ne cessa de persécuter, faisant cause commune avec ses ennemis, et la conduisit enfin à deux doigts de sa perte.

Nous laisserons cela pour suivre Loth et ses enfans dans le voyage qu'ils avoient entrepris. Les deux premiers jours, il ne leur arriva rien de bien remarquable, mais le troisième, ils virent accourir une foule de paysans éplorés qui se sauvoient avec toutes les marques de la frayeur. Ils en arrêtèrent quelques uns pour leur en demander la raison. Ah ! Seigneurs, s'écrièrent ils, fuyez avec nous, si vous voulez sauver votre vie, ou dumoins prenez une autre route : plus de deux mille Sesnes viennent de faire une irruption dans cette malheureuse contrée, où ils mettent tout à feu et à sang ; après cette réponse ils recommencèrent à fuir de plus belle.

Les cinq Chevaliers étoient trop braves pour se laisser intimider par aucun danger ; ils ne balancèrent pas sur le parti qu'ils avoient à suivre ; mais cet avis leur fit prendre la précaution de tenir leurs armes dans le meilleur état, et de monter sur leurs chevaux de bataille. Ils donnèrent aussi ordre à ceux qui conduisoient leur bagage de prendre une route détournée, mais sûre, et de les attendre dans un lieu qu'ils indiquèrent.

Peu de tems après, ils découvrirent un parti ennemi qui s'avançoit vers eux. Qui êtes vous, leur cria celui qui le commandoit? rendez vous et venez à la tente de nos chefs, qui décideront de votre sort. Vas dire à ton général, où plutôt au vil brigand auquel tu obéis, s'écria Gauvain, que nous ne voulons rien avoir de commun avec lui, et que ce fut à la malheur qu'il entra dans ce pays ; toi même, tu t'appercevras qu'il n'est pas facile de nous deffendre le passage. En même tems, il piqua son cheval, et du premier coup de lance, l'envoya par terre roide mort. Il tira ensuite son épée dont il fit un tel carnage, qu'ils ne songèrent bientôt qu'à échapper à ses coups, son père et ses frères menoient avec autant de vigueur ceux qui leurs étoient opposés, de manière qu'en peu d'instans la route se trouva entièrement libre.

Les fuyards avoient semé l'alarme partout, en exagérant les

dangers qu'il avoient couru: un de leurs chefs nommé Clarion, célèbre par sa force et par son courage, rassembla au plus vite une trentaine d'hommes à la tête desquels il se mit, espérant venger ses compagnons. Il courut vers le lieu du combat, mais il étoit déjà fini, et les Chevaliers s'étoient éloignés au gallop, prévoyans qu'ils auroient à combattre une infinité de barbares qui viendroient les accabler. Quatre d'entr'eux étoient déjà hors de la vue; mais Gauvain n'avoit pu les suivre, parce qu'il s'étoit obstiné à poursuivre un Sesne qui l'avoit frappé. Aussi-tôt que Clarion l'apperçut, il lacha la bride à son cheval, qui eut bientôt laissé derrière lui le reste de la troupe.

Gauvain qui l'entendit venir,

s'arrêta ; mais jugeant par la force et la beauté de ce coursier, qu'il courroit des risques à l'attendre de pied ferme, il se détourna à l'instant où l'autre lui portoit un coup de lance, et lui fit manquer son atteinte ; et dans le moment où il passoit, il lui déchargea sur le casque un si grand coup d'épée, qu'il le fendit presque par la moitié, et le fit tomber au pied de son cheval, dangereusement blessé.

La beauté de l'animal inspira à Gauvain le desir de s'en emparer, il le saisit par les resnes et sauta dessus, sans lâcher la bride du sien, et s'éloigna au grand gallop.

Les Sesnes lui donnèrent tout le tems dont il avoit besoin pour s'échapper, parceque les premiers arrivés descendirent de cheval pour donner des secours à leur chef, et que les autres n'étoient pas fâchés d'avoir un prétexte pour éviter le combat avec un homme si dangereux.

A quelque distance de là, Gauvain recontra ses écuyers, auxquels il remit son cheval, leur ordonna de gagner pays et de ne s'arrêter que lorsqu'ils auroient trouvé son père et ses frères ; son dessein n'était pas encore d'abandonner la partie, il vouloit donner une nouvelle leçon à ses ennemis, et essayer son cheval qui lui paroissoit le plus beau et le meilleur qu'il eut jamais monté.

Cet animal s'appelloit Gringallet. Il étoit né dans les vastes forêts de la Norvege, et il étoit infatigable. A la force de Bayard, il joignoit la légéreté de Rabican ;

son instinct surpassoit même celui du premier.

Clarion l'avoit enlevé dans un combat singulier, au Roi de cette contrée qu'il avoit vaincu.

Gauvain revint vers le lieu du combat, où les soldats étoient encore occupés à faire un brancard pour emporter leur chef. Lâches, leur cria-t-il, lorsqu'il fut à portée; à quoi vous occupez-vous, aulieu de chercher à le venger; voici son cheval que je vous ramène ; quel est celui d'entre vous qui veut venir le reprendre.

A ces mots, les plus hardis, au nombre de vingt, sautèrent sur leurs chevaux, et se mirent à le poursuivre, mais il les désespéroit en s'éloignant d'eux avec la vitesse d'une flêche, en évitant toutes leurs attentes, et en leur frapant des coups qui étoient presque toujours mortels. Il sembloit que Gringallet sentit qu'il portoit un héros, jamais il n'avoit déployé autant de force, d'adresse et de légèreté: Gauvain ne cessa ce manège que lorsqu'il vit que tous ses ennemis étoient morts ou enfuite.

Cependant, ses frères et son père, que rien n'avoit retardé, avoient fait beaucoup de chemin; ils étoient étonnés de ne pas le voir venir; déjà ils avoient résolu de retourner sur leurs pas, lorsque ses écuyers arrivèrent avec son cheval. Ah! ciel, s'écria douloureusement Loth, mon fils est mort ou prisonnier. Non, Sire, reprirent ceux-ci, vous le verrez revenir sous peu d'instans. C'est lui-même qui nous a remis sa monture, parce qu'il en a gagné un autre qui paroit la plus belle et la meilleure que nous ayons vue, et il nous a assuré qu'il nous suivroit de près. En effet, il ne se fit pas attendre, et tous le monde fus surpris de la beauté de son coursier. Il fut embrassé avec bien de la tendresse, et grondé ensuite de s'être exposé seul à tant de dangers, ils continuèrent ensuite leur route.

Heureusement la saison étoit chaude et les nuits très-belles, car le pays qu'ils traversoient étoit presque entièrement désert, ils couchoient au pied d'un arbre, vivans des provisions qu'ils portoient avec eux ; n'osant sortir des bois, pour ne pas s'exposer à des combats qui n'étoient d'aucune utilité, et qui les retarderoient beaucoup.

Le sixième jour, ils se trouvèrent à la vue d'un château situé dans une forêt, deffendu par des fossés remplis d'eau, qu'on ne pouvoit traverser que sur un pont-levis.

Loth sonna du cor pour avertir qu'on demandoit à entrer. Aussitôt un jeune homme parut à une fenêtre. Que désirez vous, leur dit-il ? Qui êtes vous ? — Nous sommes des Chevalliers étrangers, répondit le Roi d'Orcanie : une affaire assez importante nous a appellé dans cette contrée, et nous désirerions obtenir l'hospitalité. — Attendez donc un instant, je vais avertir le chatelain.

Peu-après celui-ci parut, et leur fit plusieurs questions, mais se trouvant satisfait de leurs réponses, il fit baisser le pont, et les reçut

reçut dans une cour assez belle. Après avoir ordonné aux domestiques de conduire leurs chevaux à l'écurie et d'en avoir soin, il fit entrer les cinq Chevaliers dans une salle basse où sa femme et ses deux filles *les désarmèrent, et leurs lavèrent soigneusement les mains, la face, le col et les pieds, qu'elles essuyèrent ensuite avec des linges très-fins et blancs.* Cette coutume étoit religieusement observée; jamais, sous aucun prétexte, les dames n'y manquoient.

On servit ensuite un excellent souper, qui fut égayé par le chatelain et ses quatre fils déjà grands, et armés Chevaliers. Seigneurs, dit-il à ses hôtes, lorsqu'on en fut au dessert; pourrois-je sans commettre une indiscrétion, vous demander quels sont ceux qui m'ont honoré de leur présence. Quant à moi, je me nomme Mignoras, Forestier du Roi Clarion de Northumberland, qui m'a confié la deffense de ce Château, et la conservation de la forêt qui l'entoure.

Non! mon ancien compagnon d'armes, reprit Loth, aucune raison ne nous empêche de nous découvrir à vous; mais vous avez oublié bien promptement les traits du Roi d'Orcanie, et ces quatre Chevalliers qui m'accompagnent, sont mes fils Gauvain, Agravain, Gaheriet et Galleret, dont vous avez peut-être déjà entendu parler.

Ah! Sire, s'écria Mignoras, en se levant et voulant lui baiser les mains, pardonnez à mes organes un peu affoiblis par l'âge, et oubliez la manière trop familière dont nous en avons agi avec vous. — La vertu rend tous les hommes égaux, reprit Loth, et si vous voulez que je sorte d'ici parfaitement content, il faut que vous me promettiez de me traiter avec la même amitié ; mais il est un service essentiel que vous pouvez me rendre.

Il lui développa tout le plan de conciliation entre les Souverains du pays et l'engagea à y concourir, en se chargeant de remettre à Clarion la dépêche qui lui étoit destinée.

Le chatellain goûta beaucoup ce projet, et promit non-seulement de déterminer son Souverain, mais encore de négocier avec plusieurs Barons indépendans, qui soupiroient après cette confédération générale.

Ici le Romancier cesse de s'occuper de Loth, pour faire connoître un nouveau personnage, destiné à jouer un rôle important dans l'histoire des Chevalliers de la table ronde.

CHAPITRE XXIX.

HISTOIRE du San-Graal. Premières armes du Prince Heliezer, fils du Roi Pellés ; danger auquel il echappa par le secours de Gauvain ; dispute de celui-ci avec ses frères ; suite des avantures qu'ils éprouvent pendant leur voyage.

Lorsque le fils de Dieu expira sur la croix, un juif nommé Joseph d'Arimathie, reçut dans un vaisseau le sang qui couloit de ses playes. Cette prétieuse relique qui s'appelloit le SAN-GRAAL, resta en sa possession, mais après sa mort, il passa entre les mains de sa famille, jusqu'à ce qu'elle en fut privée par une faute qu'un d'eux commit. Ce vaisseau fut confié à différentes personnes, sans qu'on sut jamais positivement qui en étoit le possesseur ; il voyageoit selon les besoins, et tel le voyoit arriver dans sa chambre, qui ne s'en seroit jamais douté. Il ne favorisoit cependant que les personnes les plus vertueuses, sans distinction d'âge ni de sexe.

Il étoit alors rémis à la vigilance d'une jeune fille, d'une rare beauté, et d'une vertu sans reproche, sœur du Roi Pellés, et devoit servir à la guérison du bon Roi Pellinor, qui avoit reçu deux grande blessures, que toute la science humaine n'auroit pu parvenir à guérir.

Les prodiges dans ces tems éloignés, s'opéroient par des voies bien extraordinaires, et à des conditions bien étranges; l'accomplissement de celui-ci dépendoit des circonstances les plus bizares.

La jeune sœur de Pellés ne devoit la possession de la prétieuse relique, qu'au soin avec lequel elle avoit conservé sa virginité, mais elle étoit destinée à la perdre dans les bras d'un jeune et vaillant Chevalier, qui lui-même n'auroit pas encor connu les plaisirs de l'amour. La fortune devoit le conduire aux pieds de la Princesse, dont il obtiendroit les bonnes grâces sans le consentement de ses parens; et de cette union clandestine, naîtroit un guerrier intrepide, dont la valeur et la renommée effaceroient celles de tous ses contemporains, et qui devoit conserver son innocence jusqu'à la mort. A ces conditions, il étoit destiné à mettre fin à la glorieuse avanture du San-graal, et à fermer les playes de Pellinor.

Le Souverain de Listenois, avoit un fils nommé Heliézer, déjà assez grand pour recevoir l'ordre de Chevallerie; mais la tendresse du père éloignoit le plus qu'il pouvoit, cette cérémonie qui le sépareroit de lui, et l'exposeroit aux dangers de courir les avantures.

Ce jeune homme ne partageoit pas les craintes de son père, il brûloit du desir de rendre son nom fameux, et de marcher sur les traces des héros, dont la renommée publioit les belles actions. Parmi ceux qu'il admiroit, Gauvain tenoit le premier rang; c'est de sa main qu'il désiroit être armé Chevallier. Ah! mon très-honoré père, dit il un jour à Pellès, pourquoi me faites vous languir dans une oisiveté qui me deshonore, tandis que l'innocence a besoin de deffenseurs, de grâce, permettez-moi de me rendre à la cour du Roi Artus, d'y admirer tous les modèles de Chevalerie, qui en font la gloire, et de recevoir enfin cet ordre des mains du célèbre Gauvain, s'il est tel que la renommée le publie. Si vous rejettez ma prière, il n'est rien que je n'entreprenne pour y parvenir.

Pellès convenoit en lui-même que son fils avoit raison, il étoit brave; cependant il avoit de la peine à se déterminer; enfin, l'honneur l'emporta sur la tendresse, et il consentit à son départ;

il accorda même à ce jeune homme la grâce qu'il sollicitoit, de ne prendre avec lui qu'un seul écuyer pour être inconnu à tout le monde.

Il possédoit une armure d'une trempe admirable, dont il le revêtit lui-même, et lui ceignit une épée qui pouvoit le disputer à la meilleure pour la bonté.

Heliezer s'éloigna le jour même de la cour, en suivant la route qui conduisoit au royaume d'Artus, mais à peine eut-il marché deux jours, qu'il se trouva à la vue d'un parti de Sesnes, qui alloient au fourrage, conduits par deux de leurs chefs, Pignoras et Malagis.

Il piqua aussi-tôt son cheval pour les éviter; mais ceux-ci qui l'avoient découvert, envoyèrent quelques Cavaliers pour lui donner ordre de se rendre auprès d'eux. Il fut atteint à peu de distance par les mieux montés, et deux d'entr'eux se mirent au devant de son cheval, en disant qu'il se reconnut leur prisonnier, s'il ne vouloit perdre la vie.

Quoi, s'écria-t-il, je me laisserois conduire comme un lâche, sans avoir au moins essayé de deffendre ma liberté, ah ! plutôt périr mille fois ; en même tems il coucha sa lance et courut sur le plus près et le jetta mort en bas de son cheval, sans l'avoir rompue. Le second ne fut pas plus heureux, mais un grand nombre d'autres s'avancèrent pour venger leurs compagnons ; le danger devenoit épouvantable. Il avoit tiré son épée, dont il se servoit avec autant de force que d'adresse ; mais il alloit succomber sous le nombre, lorsqu'il fut secouru.

Loth et ses fils, après s'être reposés chez le forestier, avoient continué leur route. La conversation s'étoit portée sur sa famille; chacun en disoit son sentiment. Gauvain admiroit ses fils qui paroissoient de bons Chevaliers, et Agravain, son frère, trouvoit les filles charmantes. Je le crois, reprit Gaheriet, et je ne désirerois jamais *trouver plus gente amie* que la plus jeune. Quel domage, reprit Agravain, que notre séjour n'ait pas été plus long, j'eusse volontiers donné quelques leçons d'amour à l'une et à l'autre. *Ce mais Dieux*, s'écria Gauvain, avec surprise, vous auriez cherché à la séduire ? — Certainement, je ne lui aurois pas fait violence ; mais si elle eut voulu. — Quoi , sans respecter les loix de l'hospitalité, vous auriez pu vous résoudre à déchirer le cœur d'un homme qui vous prodiguoit les meilleurs traitemens. — Pourquoi pas ; cela est-il donc sans exemple ; ne suis-je pas d'un rang qui me dispense de ces égards? — Eh ! quel motif pourroit vous fournir des excuses légitimes pour un pareil abus de confiance ? quant à moi, cela me révolte. — Il faut que vous soyez bien détaché des plaisirs de l'amour, pour raisonner ainsi, la nature m'a formé un peu moins indifférent , et lorsqu'une dame veut bien m'accorder ses bonnes grâces, j'en profite, quelle qu'elle soit : je ne m'amuse jamais à raisonner contre moi-même. — Mais

les sermens que vous avez fait en recevant l'ordre de Chevalerie, de protéger l'honneur des dames.
— Oh! vous êtes philosophe et je ne le suis pas, chacun agit à sa manière, celle-ci est la mienne, et malheur à celui qui s'aviseroit de la contrarier.

La conversation commençoit à prendre une teinte d'aigreur qui pouvoit avoir les suites les plus fâcheuses, lorsqu'un écuyer, que la douleur la plus violente accabloit, les aborda. Ah! Seigneurs, leur cria-t-il, je suis l'homme le plus infortuné. Je conduisois à la cour du Roi Artus, un jeune homme de la plus belle espérance, qui espéroit y recevoir l'ordre de Chevallerie, mais dans ce vallon, il a été attaqué par un parti de Sesnes, et peut-être dans ce moment expire-t-il sous leurs coups.

Voyons, dit Gauvain, en piquant à l'instant son cheval, s'il est encore tems de le secourir. Il sembloit que le bon Gringallet partageât les craintes de son maître, il voloit plutôt qu'il ne couroit ; aussi fut-il en peu d'instans sur le lieu du combat. Il étoit tems qu'il arrivât. Le jeune homme se deffendoit encore, mais il étoit tellement fatigué, qu'il pouvoit à peine lever les bras.

Courage, lui cria le fils de Loth, en se jettant au milieu de ses aggresseurs, vos ennemis se repentiront de leur témérité. En même tems il frappoit à droite et à gauche, abattant la tête et les membre de tous ceux qu'il pouvoit atteindre.

Cependant, Pignoras et Malagis, avertis par les blessés, qui exagéroient la force du Chevallier étranger, sautèrent sur leurs chevaux, et y coururent avec le reste de leurs gens; mais au moment où ils arrivoient, Loth et ses trois enfans y parurent aussi. Le père courut contre Malagis, et le perça d'outre en outre d'un seul coup de lance, tandis qu'Agravain et ses frères faisoient un carnage horrible des soldats. Pignoras qui attaqua Gauvain, fut encor plus maltraité, celui-ci le partagea par la moitié d'un coup d'épée, et ce terrible coup décida de la victoire; ceux qui restoient s'enfuirent épouvantés, ne pouvant se persuader qu'il fussent des hommes ordinaires.

Tout le butin et les provisions des Sesnes tombèrent en leur pouvoir, et le Roi d'Orcanie pensa
que

que c'étoit un moyen de reconnoître les bons offices du chatelain où ils avoient logé. Il choisit ce qui en valoit la peine, le fit charger sur des chevaux, et ordonna à quelques écuyers de les conduire au chateau, et d'annoncer de la part de qui venoit le présent.

En attendant le retour de ces hommes, ils s'assirent sur l'herbe et s'y nourrirent avec les provisions de leurs ennemis. Héliézer leur conta ce qui lui étoit arrivé ; et apprenant que c'étoit Gauvain qui lui avoit sauvé la vie, il lui demanda en grâce de vouloir bien le recevoir pour écuyer, en attendant qu'il le trouvât digne d'être fait Chevalier.

Bien volontiers, lui dit celui-ci, je vous armerois dès ce moment, si je ne désirois y mettre toute la solemnité que vous méritez; soyez mon compagnon d'armes puisque vous le désirez, je jure de rester toujours votre ami.

Après le retour des écuyers, il continuèrent leur voyage, mais la nuit les surprit au milieu d'une vaste forêt, dans laquelle ils s'égarèrent. Heureusement ils se trouvoient près d'un hermitage, entouré d'une haye forte et touffue, et d'un large fossé plein d'eau, qui servoient à le deffendre des brigands et des bêtes féroces.

Ils furent admis dans l'intérieur, mais ils auroient mal soupé, s'ils n'avoient porté avec eux des provisions; le solitaire n'avoit à leur offrir que du pain noir, des noix et de l'eau.

On débrida les chevaux pour

les laisser naître, et ils s'étendirent sur l'herbe afin d'y passer le reste de la nuit, mais le sommeil de Gauvain, et celui d'Héliezer ne fut pas de longue durée. A peine commerçoient-ils à s'assoupir, qu'ils entendirent à quelque distance, le pas de plusieurs chevaux, et les cris d'une femme qui appelloit à son secours.

Ils se levèrent aussitôt l'un et l'autre, et tandis que le nouvel écuyer bridoit Gringallet, Gauvain laçoit son casque et mettoit ses armes en état. Il fut bientôt à cheval, et franchit la haye et le fossé, sans chercher à traverser le pont-levis. Heliézer qui n'étoit pas si bien monté, fut obligé de faire un détour qui les sépara, mais qui fut salutaire à un Chevalier.

Le fils de Loth, guidé par les cris qu'il entendoit de plus en plus, suivoit les ravisseurs à la piste, et bientôt les découvrit dans une pélouse où ils avoient descendu et s'efforçoient de faire violence à une femme qui se deffendoit de son mieux. Les attaquer, en percer un de sa lance, en pourfendre deux autres, enfin, blesser mortellement le dernier, ne fut que l'affaire du moment. Il descendit ensuite de cheval pour secourir la jeune personne, qui étoit presque nue et sans mouvement. Damoiselle, lui dit-il, par quel hazard vous trouvez-vous ici à la merci de pareils hommes.

Ah ! Seigneur, reprit-elle, je satisferai votre curiosité dans un autre moment, mais au nom de Dieu, courez au secours d'un de mes parents que le reste de la troupe emmène, et que peut-être ils vont massacrer. — Eh! bien, montez en croupe derriere moi, et voyons s'il sera possible de les atteindre. Cela n'étoit pas difficile, car ils s'étoient arrêtés à peu de distance, mais il seroit arrivé trop tard, si le hazard n'eut conduit son écuyer au secours. Nous avons dit qu'il n'avoit pu suivre Gauvain ; il se trompa de route, mais après avoir couru quelque tems, des cris qu'il entendoit, le conduisirent vers une touffe d'abres où sept à huit hommes avoient attaché et dépouillé un jeune homme, qu'ils maltraitoient cruellement avec des cordes et des bâtons. Il n'avoit pas hésité à les attaquer ; il en avoit même tué un et blessé deux autres, mais ceux qui restoient auroient rendu l'issue du combat très-douteuse, si le fils de Loth, guidé par le bruit des grands coups qu'ils se portoient, ne fut arrivé à tems. Il reconnut Heliézer, qui avec ce nouveau secours eut bientôt déterminé la victoire ; il n'en réchappa pas un seul.

Ils reprirent ensuite le chemin de l'hermitage, dans lequel ils rentrèrent sans qu'on se fut apperçu de leur absence ; ils se couchèrent tous sur l'herbe jusqu'au lendemain, après avoir donné à la demoiselle et à son parent, chacun un manteau pour couvrir leur nudité.

Loth, en se réveillant, vit avec surprise cette augmentation de compagnie, et demanda qui ils étoient. Seigneurs, reprit le jeune homme, ma cousine que vous voyez, est fille du gouverneur de Roestat. Elle étoit venue rendre visite à ma mère qui en demeure à trois lieues, et je la reconduisois vers ses parens, lorsque nous trouvans au bord de cette forêt, il nous a pris fantaisie de nous y promener quelques instans seuls. Nous avons ordonné aux écuyers qui nous accompagnoient de suivre leur route: à peine étions nous éloignés d'un mille, qu'une troupe de brigands a fondu sur nous, et nous a saisis. J'étois sans armes ; d'ailleurs, quelle résistance aurois-je pu opposer à douze hommes ; cependant, voyant qu'ils vouloient faire violence à ma cousine, je me suis jetté sur eux et j'en ai assommé un.

Ils ont craint apparemment que nos cris ne fussent entendus, ils nous ont attachés chacun sur un cheval et se sont enfoncés dans le centre de la forêt. Heureusement le ciel vous a conduits à notre secours.

Les Chevaliers furent touchés de compassion, et leurs promirent qu'ils ne les abandonneroient pas, qu'ils ne les eussent remis entre les mains de leurs parens; ils partirent aussitôt, et arrivèrent à Roestat, où l'on désespéroit de jamais les revoir.

Ils furent reçus du gouverneur avec tous les égards imaginables. Loth le reconnut pour un brave Chevalier, sujet du Roi des Cent-Chevaliers. Il lui fit part de sa mission et le pria de se charger de la dépêche pour son Souverain.

Celui-ci l'assura, qu'indépendamment des obligations qu'il lui avoit, il s'emploieroit volontiers à le faire réussir; que cent fois il avoit pensé à la nécessité de cette coalition, et qu'il partiroit le jour suivant. Il fit les plus grandes instances pour les retenir au moins quelques jours, mais ils ne voulurent jamais y consentir, et ils continuèrent leur voyage.

Après avoir marché deux jours, ils se trouvèrent à la vue d'une grande ville assiégée par une armée. Loth qui connoissoit le pays apprit à ses fils que cette ville s'appelloit Cambenis, et qu'elle appartenoit au Duc Estaus; un de ses amis; tâchons, ajouta-t-il, de le secourir, ce service le disposera en notre faveur; il a beaucoup d'ascendant sur l'esprit des Rois ses voisins.

L'occasion s'en présenta bientôt. Ils virent s'engager un combat entre les avant-postes ennemis et ceux de la ville, mais cette escarmouche prit un caractère sérieux, par les renforts que chacun envoyoit pour soutenir son parti. Les Sesnes étoient si nombreux que les Cambenéciens avoient déjà eu le plus grand désavantage lorsque nos six avanturiers se jettèrent dans la mêlée l'épée à la main. Estaus ne tarda pas à s'appercevoir de l'importance de ce secours, par le désordre qui se mit dans la troupe qu'ils avoient attaquée, les soldats abandonnoient leur rang et jettoient leurs armes pour éviter ces terribles adversaires.

Il profita de ce désordre en homme habile, et se mettant à la tête d'un corps de réserve, composé de ses meilleurs troupes, il les attaqua si vivement, qu'ils ne se deffendirent plus. La victoire fut complette; et tout le camp et les provisions qu'il renfermoit, devinrent la proye du vainqueur.

Il s'avança vers ses vaillans deffenseurs, et fut aussi surpris que charmé de reconnoitre parmi eux le Roi Loth, son ancien ami. Celui-ci se hâta de lui présenter ses quatre enfans, et le jeune Heliezer, qui avoit fait des merveilles.

Oh! mon vieux camarade, lui dit Esaus, que les temps sont changés; nos féroces ennemis n'osoient nous attaquer, lorsque nos troupes se réunissoient au moindre danger; aujourd'hui, ils profitent de notre mésintelligence, et nous écrasent les uns après les autres.

Loth profita habillement de cette ouverture, pour lui faire part de sa mission ; , et celui-ci ne lui déguisa pas le plaisir qu'il en ressentoit ; il lui dit que pour jouir plus longtems de sa présence, il se chargeoit de prévenir tous les Souverains qui l'entouroient.

Dès le lendemain il dépêcha des courriers aux Rois Idier de Cornouailles, Vrain, Aguisant, Neutre de Garlot, Tardelinaus, Hellimans et Karados d'Estrangore, qui tous promirent de se trouver au rendez-vous.

CHAPITRE XXX.

Assemblée des Souverains à Resteuil ; ligue contre les Sesnes. Retour de Loth à Logres. Combat entre divers Chevaliers ; voyage de Merlin chez Blaise ; il lui prédit sa captivité et lui donne les moyens de la rompre ; son retour auprès de Vivianne, puis auprès d'Artus ; mesures pour la guerre.

L'OTH et Estaus se rendirent à Resteuil quelques jours d'avance et virent successivement arriver tous ceux qu'ils avoient fait prévenir ; quelques autres même y étoient venus par curiosité ou par intérêts.

Les conférences s'ouvrirent par un discours que prononça le Roi d'Orcanie, et qui fut souvent applaudi. Il y fit le tableau le plus frappant de l'état déplorable où se trouvoit réduite la grande Bretagne, autrefois si florissante. Il peignit avec feu la dévastation des campagnes, la misère des peuples, la ruine et l'incendie des villes, bourgs et villages, depuis l'invasion des Sesnes. Il parla de leurs forces, de leurs ressources, et du butin immense que cette nation féroce avoit accumulé par ses ravages depuis son entrée dans le pays. Il fit sentir la nécessité de les exterminer, ou du moins de les chasser, pour éviter une ruine totale.

Il passa ensuite aux causes d'un accroissement de puissance aussi rapide, et il les trouva dans leur désunion et dans les guerres intestines qui les avoient affaiblis, en dépeuplant leurs états, et surtout dans l'éloignement qu'ils avoient toujours témoigné pour Artus, leur Souverain, qui, par sa puissance, par le nombre des Chevaliers qui s'étoient attachés à lui, et plus encor par ses qualités personnelles, qui en faisoient un héros, devroit être le point de ralliement pour eux tous, et le chef de la ligue. Le seul moyen d'avoir un avantage marqué sur ces barbares, ajouta-t-il, est de les attaquer tous à la fois, avant même qu'ils ayent eu le tems de réunir toutes leurs forces, de les combattre divisés, et de les accabler par le grand nombre.

Ce discours véhément entraîna les suffrages. Tout le monde convint qu'il falloit une coalition ; ils ne nioient pas que le Roi Artus possédoit toutes les qualités nécessaires pour en être le chef ; mais, la jalousie, l'ambition et l'amour propre opposoient des raisons spécieuses à ce choix. Comment revenir sur ses pas, comment devenir l'ami d'un homme qui avoit été leur ennemi et leur vainqueur ?

L'esprit conciliant de Loth et de ses enfans vint à bout de surmonter ces obstacles, et l'on se sépara pour prendre les mesures convenues, et conduire les troupes dans la vaste pleine de Salisbury, où l'on avoit indiqué le rendez-vous général.

Les plus éloignés devoient partir

tir les premiers, en divisant leurs troupes par pélottons, afin que l'ennemi ne conçut aucune crainte. Artus, de son côté, devoit y faire passer des vivres et des munitions, et s'y rendre à la tête de ses forces, au moment fixé pour le départ. Toutes ces conventions, furent exécutées ponctuellement et réussirent.

Loth et ses enfans reprirent la route de Logres où ils arrivèrent sans avoir éprouvé aucune avanture marquante. Ils rendirent compte du succès de la négociation, et le peuple, lorsqu'il en fut instruit, témoigna par des réjouissances combien cette nouvelle lui étoit agréable.

Peu-après, tous les Barons se retirèrent chacun dans leurs terres pour travailler aux préparatifs de la campagne qui devoit s'ouvrir. La cour se trouva dans une espèce de solitude dont Artus et Genièvre résolurent de profiter pour aller respirer un air plus pur et s'adonner à des plaisirs moins bruyans que ceux qu'on goute à la ville.

Le Château de Crelin, réunissoit presque tous les agrémens qu'on pouvoit désirer. Il étoit vaste, bien bâti, et sa situation au milieu d'un valon charmant, lui donnoit l'aspect le plus pittoresque. Les vastes forêts dont il étoit entouré, fournissoient du gibier de toute espèce pour la chasse, et des avantures pour exercer la valeur des Chevaliers ; aussi, tous ceux de la cour sollicitèrent la faveur d'être du voyage.

Cette jeunesse ardente fut à peine

installée, que trois Chevaliers de la Reine, Sagremors, Gabeliand, fils du Roi de Garlot, et Dodivaux - le sauvage, prirent leurs armes et montèrent à cheval pour voir s'il ne trouveroient pas quelqu'occasion de se signaler.

Comme ils traversoient la plaine, Gravedan, Maneval, et Signoras d'Egypte, tous trois Chevaliers de la table ronde, résolurent de les suivre, et de tenter avec eux un combat d'homme à homme. Ils n'avoient pas oublié ce qui s'étoit passé aux joutes, et avoient conservé le désir de s'en venger à quelque prix que ce fut; ils espéroient y réussir, lorsqu'ils n'auroient rien à démêler avec les fils de Loth, auxquels surtout ils attribuoient l'échec qu'ils avoient éprouvés.

Nous verrons dans la suite ce qui se passa entre ces six guerriers; il est tems de revenir à Merlin. La tendresse qu'il avoit conçue pour Blaise, le ramenoit auprès de lui, chaque fois qu'il pouvoit se dérober à ses affaires. A peine eut-il quitté la cour de Logres, qu'il vola dans ses bras.

Mon cher Blaise, lui dit-il, je sens que le melheur dont je suis menacé approche ; déjà j'entends les rugissemens de la lyonne qui doit me retenir en captivité, je la vois qui s'approche, et cette connoissance me trouble. — Pourquoi donc ne faites vous pas usage de votre pouvoir, pour vous soustraire à cette infortune, cruelle, — Hélas ! mon cher ami, les arrêts du destin sont irrévocables, aucune puissance ne peut y apporter le plus léger changement; le fils de Dieu lui-même, ne fut-il pas la dupe d'un traître, malgré sa toute puissance. Je sais cependant que mon malheur aura un terme, et que je puis obtenir ma liberté, par le moyen d'un chevalier qui réunira à la plus petite stature la qualité de l'homme le plus infortuné. — Hélas ! mon cher maître, pourquoi vous abandonner à vos passions avec autant de faiblesse ? une femme doit vous trahir; mais il faut que vous lui ayez accordé tout pouvoir sur vous même ; que ne rompez vous tout commerce avec ce sexe dangereux.... Vivianne elle-même, pour laquelle vous avez une si grande tendresse, et qui semble vous payer de retour.... — Ah ! mon cher Blaise, n'achève pas, je sais que cela est impossible ; mon enchantement exige des conditions qu'elle ne peut plus remplir. Au reste, lorsque j'aurai passé six mois sans te rendre visite, tu pourras être assuré que je serai victime du malheur ; voici ce que tu devras faire. Tu feras suspendre dans tous les carrefours de la forêt, l'inscription que voici :

« *C'est ici le commencement du pays où le lyon merveilleux fut enchanté ; le Chevalier destiné à le délivrer, doit être fils de Roi et de Reine ; il doit être le plus petit, comme le plus vaillant Chevalier de la terre ; il doit, en outre, être en proye à la plus violente douleur et le jouet du malheur ; tout autre tenteroit en vain cette avanture.*

Bientôt après, Merlin s'éloigna

du Northumberland, et vola où l'amour l'appelloit. C'étoit toujours avec le même plaisir qu'il se retrouvoit auprès de sa mie, dont l'ascendant étoit tel, qu'il ne s'en éloignoit qu'avec répugnance; il ne put cependant lui accorder que peu de momens ; les siens étoient comptés, et les projets qu'il conduisoit pour la gloire d'Artus, trop importans pour en retarder l'exécution. Après l'avoir embrassée tendrement, après avoir même reçu des preuves d'amour décisives, il lui dit adieu et lui promit de retourner à ses genoux pour un tems plus long, aussitôt que la guerre des Sesnes seroit terminée.

Combien les sages voyageoient agréablement! les courses les plus longues n'étoient pour eux que l'affaire du moment ; un acte de leur volonté les transportoit en un clin d'œil, d'une extrémité de la terre à l'autre. Ce fut par ce moyen qu'il conféra dans les Gaules avec les Lieutenans des Rois Ban et Boors, et avec d'autres Princes alliés, dans l'Italie avec le Roi Idier de Lombardie, il poussa même jusqu'à Constantinople, auprès du père de Sagremors, qui lui promit des secours.

Tous ces voyages, si longs pour d'autres, si sujets à l'intempérie des saisons, aux mauvaises rencontres, lui coutèrent à peine quelques jours ; il fut de retour à Crelin, au moment où les trois Chevaliers de la table ronde traversoient la plaine pour aller combattre ceux de la Reine.

Comme ils avoient eu la précaution de prendre des armes inconnues, Genièvre et Artus ne purent les reconnoître; mais ils admiroient leur air martial, et la grâce avec laquelle ils manioient leurs chevaux. Ah! Sire, dit la Reine, que ces Chevaliers ont bonne mine, il y auroit du plaisir à les voir rompre une lance.

Madame, s'écria Merlin, qui parût aussitôt, vous avez raison de croire qu'ils sont braves, mais leur valeur même leur deviendra funeste, si vous ne vous hâtez d'en prévenir les effets. Ces Chevaliers appartiennent à la table ronde, et c'est pour combattre trois des vôtres, qui sont dans la forêt, qu'ils vont la parcourir, leur rencontre pourroit devenir mortelle à plusieurs d'entr'eux.

Aussitôt Artus fit appeller le

Sénéchal Treux, et le jeune Yvain. Prenez vos armes, leur dit-il, mettez vous à la tête d'une partie des gardes, courez au plutôt vers la forêt, et tâchez d'empêcher le combat qui doit avoir lieu entre six Chevaliers ; s'il est commencé, vous le ferez cesser par tous moyens, je vous donne à cet égard les pouvoirs les plus étendus.

Sagremors et ses amis, après avoir couru pendant assez longtems dans le bois, s'étoient arrêtés dans une belle pelouse, et s'étoient assis au bord d'une fontaine pour se rafraîchir, lorsqu'ils virent s'avancer vers eux trois Chevaliers bien armés et de la plus belle apparence. Chevaliers, leurs crièrent les arrivans, il n'est pas tems de se reposer, *il convient* monter sur vos chevaux et combattre, si ne voulez être reputés couards et poltrons, à moins que mieux n'aimiez nous remettre armes et chevaux et retourner à pied.

Ce mais Dieux, s'écria Sagremors bouillant de colère, qui êtes vous donc, vous qui parlez avec tant d'arrogance, attendez seulement que je vous aie atteint, et vous verrez comment je sais deffendre mon bien contre des brigands de votre espèce ; nous verrons si vous saurez soutenir cette rodomontade ; puisque vous mettez un prix au combat, la perte de vos armes et de vos chevaux sera votre punition, mais ce n'est pas encor cela qui doit le plus vous faire trembler.

Aussitôt les trois amis sautèrent sur leur chevaux et coururent la lance en arrêt contre leurs adversaires, qui recurent cette atteinte sans aucun désavantage. Il n'en fut pas de même du combat à l'épée. Les Chevalliers de la Reine ne frappoient pas un seul coup qui n'emportat une partie de l'armure, et le sang couloit déjà de plusieurs plaves, lorsque Treux, Ivain et Girflets arrivèrent.

Chevaliers, s'écria le Sénéschal en se jettant au milieu d'eux, finissez ce combat, je vous en prie comme ami, et je vous l'ordonne comme chargé d'ordres du Souverain.

Sagremors et ses compagnons, malgré l'avantage qu'ils avoient sur leurs ennemis, se retirèrent et remirent leur épée dans le fourreau quand aux autres, ils durent bénir la main qui leur sauvoit l'honneur car ils étoient si maltraités qu'on fut obligé d'en remporter deux sur des bières chevaleresques, n'étant pas en état de soutenir le cheval.

Toute la troupe reprit le chemain de Célin, où le Roi s'informa de la manière dont la chose s'étoit passée ; mais quoi qu'il donnat tout le tort aux aggresseurs, il ne voulut pas qu'on s'en occupât d'avantage ; et pour déraciner les germes d'animosité entre les deux partis, il deffendit de les désigner sous une autre dénomination que les *Chevalliers de la Cour* ; il fit aggréger ceux de la Reine dans la table ronde. Il fut ensuite visiter les blessés, accompagné de Genièvre, Merlin, Sagremors et tous ses compagnons.

Cette démarche produisit tout l'effet qu'il en espéroit, en étouffant tout prétexte de rivalité et de faveur, ce qui auroit pu dans la suite occasionner des querelles interminables.

CHAPITRE XXXI.

Arrivée des alliés dans la plaine de Salisbière. Départ d'Artus, victoire remportée sur les Sesnes; accord de tous les Souverains: avanture galante de Boors avec une jolie Châtelaine, par l'entremise de Merlin.

Déja les troupes des Rois fédérés se rendoient de toutes parts dans la vaste pleine de Salisbière, et chacun d'eux s'étoit piqué d'honneur pour donner une bonne idée de sa puissance. Tous les Chevaliers étoient très-bien armés et équipés ; Gauvain, chargé par son oncle de tracer le camp et de l'approvisionner ; désignoit à chacun la place qu'il devoit occuper. Le quartier des troupes de la Grande Bretagne, étoit appuyé à un joli bois de lauriers, au milieu duquel étoit tendue la magnifique tente du Roi; en avant on remarquoit l'étendard de la confédération à la croix vermeille écartelé de blanc, et à côté le fameux dragon de Merlin.

Ce dragon devenoit dans ses mains une arme terrible, qui lançoit des feux dévorans, aussi subtils que la foudre, mais qui ne causoient de domage qu'aux ennemis ; lui seul le portoit, et toujours il étoit le signal de la victoire.

Lorsqu'il en fut tems, l'enchanteur prévint Artus qu'il falloit se rendre au camp; aussitôt l'ordre du départ fut donné, et tous les Barons ainsi que les Chevaliers l'y suivirent. Cette escorte n'étoit pas très-nombreuse, mais elle valloit à elle seule une armée. Ce fut à l'entrée de la nuit que l'on y arriva.

À peine le soleil étoit-il levé, lorsque Merlin vint trouver Artus. « Sire, lui dit-il, vous avez
» aujourd'hui de grands intérêts
» à ménager; il faut détruire les
» préjugés des uns, vaincre la
» haine des autres, enfin, justi-
» fier aux yeux de tous ceux
» qui vous aiment et vous esti-
» ment, que vous en êtes digne.
» Il n'est qu'un moyen d'atteindre
» à ce but, duquel un vain céré-
» monial vous éloigneroit.

» Soyez le premier à les visiter,

» la franchise de cette démarche
» à laquelle ils ne s'attendoit pas,
» évitera les chicanes interminables
» de l'étiquette, et vous vous
» concilierai l'amitié de tout le
monde.

Artus avoit trop de motifs de
confiance à l'enchanteur, pour
faire la plus légère objection
contre ce qu'il lui proposoit; à
l'instant même il se mit en marche
pour visiter tous les chefs,
sans distinction, en commerçant
par les plus proches du quartier
qu'il habitoit.

Ce que Merlin avoit prévu arriva;
tous le reçurent de la manière
la plus cordiale, et lorsqu'on
tint le lendemain, un Conseil-
Général, il fut unanimement désigné
pour le présider. Ce fut lui
qui le premier prit la parole.

« Seigneurs, nos ennemis vont

» enfin s'appercevoir qu'ils ne
» devoient leur succès qu'aux cir-
» constances malheureuses qui
» nous éloignoient les uns des au-
» tres ; il est tems de resserrer les
» liens qui nous unissent en ce mo-
» ment, et de nous jurer une amitié
» à toute épreuve. Quant à moi,
» je sacrifie de bon cœur mes pré-
» tentions; c'est par l'amitié, c'est
» par l'estime que je veux obtenir
» de vous cette union si néces-
» saire, et après laquelle je sou-
» pire depuis si longtems. Ou-
» blions respectivement nos su-
» jets de plainte, et que nos
» champs ne soient jamais arrosés
» que du sang de nos ennemis. Je
» sais que la place de général est
» vivement désirée par un grand
» nombre de Chevaliers, qui cer-
» tes en sont bien dignes ; mais

» un seul doit diriger l'emploi de
» nos forces, si nous voulons agir
» efficacement. Heureusement j'ai
» à proposer un homme qui mé-
» rite cet honneur ; et cet homme
» c'est Merlin. Je ne m'étendrai
» pas sur ses louanges, il n'est
» aucun de nous qui ne connoisse
» son pouvoir et les services qu'il
» peut nous rendre. Nous serons
» tous ses Lieutenans ; lui seul
» désignera chaque jour ceux qui
» devroit avoir plus immédia-
» tement l'autorité, et nous lui
» obéirons aveuglément ».

Cette proposition fut reçue avec un enthousiasme universel ; mais on voulut que le Roi Artus fut général sous lui, qu'il transmit ses ordres et choisit les sous-Commandans.

Merlin ne refusa pas l'honneur

qui lui étoit déféré ; mais il prévint tout le monde que le départ étoit fixé au lendemain matin, pour dérober la connoissance de leur nombre, et tâcher de surprendre l'ennemi qui étoit occupé à faire le siège de Clarence.

Heliezer, qui avoit suivi Gauvain, s'avança aussitôt au milieu de la salle, et le fit souvenir de la promesse qu'il lui avoit faite. Seigneur, lui dit-il, vous allez marcher à l'ennemi ; j'ai abandonné mon pays pour acquérir de la gloire ; vous ne me priverez pas de l'occasion qui se présente d'en acquérir ; ou je périrai, ou je me montrerai digne de l'ordre que j'aurai reçu.

Beau doulx ami, reprit Gauvain, je vous accorde votre demande avec bien du plaisir ; je ne connois personne qui en soit plus digne, et si les nobles Seigneurs ici présens, veulent me le permettre, ce sera dans le sein de cette auguste assemblée que la cérémonie aura lieu.

Puisqu'ainsi est, s'écria Artus, je me charge de fournir les armes à *un si gent damoisel.* — Sire, reprit celui-ci, *j'en ai de très-bonnes et ai fait serment de pas n'en porter d'autres.*

La cérémonie eut lieu le même jour, avec une solemnité incroyable; le candidat fut dispensé de la *veille des armes*, à cause de *l'urgence du cas*. Le tems ne permettant pas de faire un tournoi, on se contenta de lever une (1)

---

(1) La quintaine n'étoit qu'un amusement passager; on ne dressoit point de lices, chaque Chevalier ne pouvoit rompre qu'une

quittaine pour honorer le nouveau Chevalier, qui y acquit beaucoup de gloire.

Le lendemain, l'armée se mit en marche sur plusieurs colonnes : on surprit l'ennemi, qui, après une vigoureuse défense, fut défait à plate-couture, et forcé de s'enfuir en abandonnant tout son bagage, et laissant plus des deux tiers de ses soldats sur le champ de bataille.

Après cette victoire, qui délivroit le royaume de toute crainte, chaque Souverain se retira dans ses états, et Merlin annonça aux Rois Ban et Boors qu'ils alloient retourner dans leurs pays, où leur présence étoit nécessaire, parce-

---

seule lance, on ne pouvoit jamais demander le combat à l'épée ; on n'y adjugeoit aucun prix.

que Claudas se préparoit à profiter de leur absence pour y faire une invasion. Il en prévint Artus qui consentit avec peine à se séparer d'eux, et promit de marcher à leur secours aussitôt qu'ils en auroient besoin.

Ils firent prendre le devant à leurs troupes ; ils ne partirent que peu de jours après, accompagnés de leurs écuyers seulement. Ils avoient marchés toutes la journée, lorsqu'ils se trouvèrent à la vue d'un Château, aussi remarquable par la force de sa situation, que par la beauté de sa construction. Il étoit situé au milieu d'un vaste étang, d'une grande profondeur, et l'on ne pouvoit y arriver que par une chaussée étroite, qui avoit un quart de lieu de longueur, et coupée par des ponts-levis: cinquante hommes auroient pu le défendre contre toutes les forces de la Grande Bretagne.

C'est ici, leur dit l'enchanteur, que nous devons passer la nuit, nous y serons bien reçus, et ce séjour tient à des év'nemens plus intéressans que vous ne pensez. Descendez donc de cheval, vous Bours, et embouchez le cor que vous trouverez attaché à un poteau, sur le bord de la chaussée.

Celui-ci obéit; un moment après on vit paraître Grevaudain le Noir à qui appartenoit le Château, qui vint leur demander ce qu'ils désiroient. Seigneur, répliqua Merlin, nous venons de la cour d'Artus, et nous retournons dans notre patrie; nous vous demandons l'hospitalité pour cette nuit.

Bien volontiers, reprit le chatelain, je ne refuse jamais de pareils hôtes; il donna ordre aussitôt d'ouvrir la barrière, de baisser les ponts, et les engagea d'entrer.

Une foule de Chevaliers lestes et bien vêtus, les reçut dans la cour et les conduisit jusqu'à une salle du Château, dans laquelle ils trouvèrent les deux nièces de Gravaudain, et sa fille, jeune personne de dix-huit ans, de la plus jolie figure possible, dont les yeux étoient en même tems doux et si brillans, qu'on ne pouvoit en soutenir l'éclat. Ce fut elle qui désarma le Roi Boors; il ne pouvoit se lasser de l'admirer, et de former des desirs que l'amour qu'il avoit pour son épouse ne pouvoit étouffer.

La jeune personne, de son cô-

.té, admiroit la beauté mâle de ce Chevalier, et sentoit en elle-même des mouvemens inconnus, qui n'échappèrent pas à Merlin, qui avoit ses raisons. Le souper fut servi avec beaucoup de magnificance, et poussé avant dans la nuit. Il fut égayé par toutes sortes de propos, dans lesquels Boors fit briller son esprit, ce qui redoubloit l'amour de la jeune personne; enfin, l'heure de se retirer étant venue, le chatelain conduisit ses hôtes dans leur chambre.

L'amour avoit fait de terribles progrès dans un tems aussi court que celui depuis l'arrivée des Chevaliers; on prétend que Merlin avoit adroitement mêlé dans leur boisson, le jus d'une herbe qui enflâme les desirs; ceux de la jeune personne étoient parvenus au point qu'elle eut tout sacrifié pour les satisfaire.

Cela n'étoit pas facile ; le chatelain faisoit coucher sa fille dans une chambre contigue à la sienne, qu'il falloit traverser pour parvenir jusqu'à elle. Merlin prouva que rien ne lui étoit impossible, lorsqu'il l'avoit entrepris. A peine tout le monde fut-il couché , qu'il plongea dans le plus profond sommeil tous les habitans du Château , excepté les deux amans. Il prit ensuite la figure d'une vieille matrone qui avoit élevé la demoiselle, et pour qui elle avoit beaucoup de tendresse.

Ma chère enfant , lui dit-elle en s'approchant de son lit, je me suis apperçue de l'impression qu'a faite sur votre cœur un des étrangers. Cette passion vous rendroit malheureuse à jamais, si je ne vous fournissois les moyens de la satisfaire; je suis persuadée même que ce sera pour vous un grand avantage. Tout le monde dort, vous n'avez rien à craindre; l'amour vous couvrira de ses aîles, venez avec moi, je vais vous conduire auprès de votre amant, et demain je vous ramènerai ici, sans que personne s'apperçoive de ce qui se sera passé.

Cette demoiselle étoit tellement préoccupée, qu'elle ne fit aucune objection, elle se jetta au bas de son lit et suivit sa conductrice jusques dans la chambre de Boors.

La vertu livroit dans ce moment, un combat assez fort aux desirs de ce prince. Comment, disoit-il, puis-je m'abandonner aussi facilement à une passion insensée et condamnable, pour une personne que je n'ai vue que peu d'instans, et que je quitterai demain matin, probablement pour ne la voir jamais ? pourrois-je allier cette passion avec la fidélité que je dois à une épouse digne de toute mon affection ? quel peut donc être mon espoir ; ah ! me seroit-il permis de m'y livrer, quand même je le pourrois ? est-ce ainsi que je payerois l'hospitalité que m'accorde un homme qui en agit aussi galamment avec moi ?

Hélas ! que la vertu est foible, lorsque le cœur est vivement ému. A peine la jolie châtelaine parut-elle dans la chambre, que Boors oublia toutes ces réfléxions pour ne penser qu'à ses desirs. Quel homme eut pu résister ! Elle étoit si belle, et ses attraits n'étoient presque pas voilés. Il s'élança dans ses bras avec la rapidité d'un éclair, en lui témoignant sa joye de la manière la plus passionnée; Merlin qui jugea que sa présence devenoit importune, se retira dans sa chambre; nous imiterons sa discrétion.

Dès la pointe du jour, il vint séparer les amans, et reconduire la jeune personne dans sa chambre. La nuit leur avoit paru bien courte; ce fut avec peine qu'il en vint à bout. Encor un instant, disoit le Roi de Gauves, le jour est encor eloigné; à peine avons nous eu le tems d'exprimer notre amour; l'enchanteur qui savoit que le moment presoit fut inflexible, il fallut s'embrasser pour la dernière fois.

Ils durent continuer leur route dès

le même jour. Pendant qu'on préparoit les équipages, Ban trouva moyen d'avoir un instant de conversation avec la D. moiselle. «
» Charmante amie, lui dit-il, mon
» séjour dans ce lieu ne s'effacera
» jamais de mon Souvenir. C'est
» Merlin, cet enchanteur bien-
» faisant, qui a conduit notre en-
» trevue ; ses promesses ne seront
» pas vaines ; il m'a assuré que
» vous portiez dans votre sein
» un enfant qui sera la gloire de
» la Chevalerie errante. Con-
» servez précieusement ce gage,
» et lorsqu'il aura atteint l'âge d'ê-
» tre armé Chevalier, le Roi Boors
» de Gauves son père le rece-
» vra comme un enfant chéri ; et
» vous mon adorable Vigilane,
» si la fortune vous étoit con-
» traire, adressez vous à moi,

« comme

» comme à un homme qui vous » deffendra au péril de sa vie ». En disant ces mots il la quitta et partit.

La jeune personne se retira dans sa chambre, pour méditer à loisir sur ce qu'elle venoit d'apprendre, et fit serment de ne jamais accorder ses faveurs à qui que ce fut, à moins qu'il ne fut couronné. Nous verrons dans la suite qu'elle fut exacte à tenir parole, et que son père même s'intéressa vivement à lui faire observer sa promesse.

Nous laisserons les voyageurs retourner dans leur pays sans aucun accident, pour nous occuper d'autres objets.

CHAPITRE XXXII.

Cour plénière à Cramalot, prédictions de Merlin, demande extravagante du Roi Ryon au Roi Artus, leur combat ; victoire de ce dernier ; avanture du Nain et de la jolie demoiselle ; ambassade de l'Empereur de Rome.

ARTUS voulant célébrer sa réunion avec les autres Souverains, et la victoire qui en avoit été la suite, indiqua une *cour plénière renforciée*, à Cramalot, pour le jour de Saint-Jean.

Tous les Chevaliers étoient invités, ainsi que les *vavasseurs*, à s'y rendre accompagnés de leurs femmes et leurs filles, ou de leurs amies. Au jour indiqué, l'assemblée fut des plus nombreuse. On y comptoit cinq Rois et un grand nombre de Seigneurs puissans, Ducs et Barons.

Au moment où l'on alloit se mettre à table, les oreilles furent frappées d'une mélodie extrêmement agréable, et l'on vit s'avancer vers celle du Roi, un homme de la plus riche taille, et d'une très-belle figure, qui pinçoit une harpe enrichie de diamans, qui étoit pendue à son col. On jugeoit qu'il étoit aveugle, parce qu'il étoit conduit par un chien caniche, attaché à sa ceinture, avec une chaîne d'or.

Arrivé près d'Artus, il entonna d'une voix sonore, un *lay* charmant, et s'accompagna avec son instrument, si habillement que tous les Ménétriers et Bardes, que cette fête avoit attirés, ne purent lui refuser les plus grandes louanges. Le Roi lui-même se laissa tellement transporter d'admiration, qu'il jura sur sa couronne, de lui accorder sa demande qu'elle qu'elle fut.

En ce cas, reprit l'aveugle, je vous prie de me confier votre étendard à la première bataille. Tout le monde se récria sur l'extravagance d'une pareille demande. Quoi, lui dit Artus, vos prétentions vont-elles jusques-là, savez vous ce que vous me demandez ; et comment pourriez vous guider les autres, vous qui ne pouvez marcher sans secours ? — Que cela ne vous inquiète, Sire, ce chien que vous voyez vaut bien un conducteur : seroi-je donc le premier général aveugle ? soyez certain que ceux qui me suivront *seront bons compaignons, et acquéreront grand los.*

Ce mais dieux, dit tout bas Boors, qui examinoit cet homme avec attention, accordez-lui sa demande, c'est Merlin, ne le reconnoissez-vous pas à ses yeux verds d'émeraude. À peine eut-il donné ce conseil, que l'homme disparut sans qu'on seut ce qu'il étoit devenu.

On venoit de se placer à table, et l'on s'entretenoit encor du ménétrier, lorsqu'on vit paroître un hérault revêtu de sa cotte d'armes, et portant à la main un parchemin, au bas duquel pendoient un grand nombre de sceaux. Il s'avança jusqu'auprès du Souverain ; sans saluer personne.

Roi de la Grande Bretagne , lui dit-il ; en lui présentant le parchemin , voici les ordres que le puissant Ryon , qui règne sur l'isle aux géans , et qui a dix Rois pour tributaires , t'envoye par ma main , scellé de ses armes et de celles de neuf autres Souverains ; j'attendrai ta réponse.

On le fit passer dans une salle voisine , et l'on fit lecture de cette missive , dont l'insolence ne pouvoit être comparée qu'à la bizarerie de ce qu'elle contenoit. La voici :

Ryon , Souverain de l'isle aux géans , à Artus.

» Tu occupe un pays qui m'ap-
» partiendra bientôt par droit

» de conquête. Je veux cependant
» bien t'en laisser possesseur, si
» tu consens à devenir mon vassal,
» et à faire couper la barbe, que
» tu m'envoyeras, pour faire l'a-
» graffe de mon manteau, qui ne
» peut être fini que par ce moyen.
» Si tu hésite à me satisfaire, je
» jure d'aller moi-même la cher-
» cher, de te l'enlever avec la
» peau et les dents, et de mettre
» ton pays à feu et à sang.

Cette lecture excita plus de surprise que de colère. On fit entrer le hérault, qui n'étoit pas très-tranquille sur les suites d'un pareille message. Vas dire à l'insensé qui t'envoye, lui dit Artus, que je sais châtier les fous, lorsqu'ils sont furieux; il sait, par expérience que je peux deffendre ma barbe, mieux qu'il ne deffendra sa tête. Qu'il me fasse seulement savoir le jour et le lieu où je pourrai le trouver. — J'ai ordre de vous dire, reprit le messager, que ce sera dès demain, dans cette plaine, si vous acceptez ; il se fie sur votre loyauté pour sa sûreté. — A demain donc, et le hérault se retira.

Un moment après, on vit paroître un Nain, de la plus petite taille, portant sur son épaule une massue si grosse et si pesante, qu'un homme fort auroit eu de la peine à la soulever. Sire, s'écria-t-il, un insolent est venu vous braver jusque dans votre palais; permettez-moi d'en faire justice, et de le combattre, ou dumoins de commander la garde du camp.

Cette demande excita de longs

éclats de rire, mais le Roi qui reconnut Merlin, surprit tout le monde en répondant qu'il lui accordoit sa demande avec le plus grand plaisir. Le Nain, pour marquer sa joie, fit plusieurs fois le moulinet avec sa massue, et disparut.

Avant de dire quel fut le succès du combat, il est bon de faire connoître plus particulièrement Ryon qu'on a déjà vu plusieurs fois vaincu. Cet homme joignoit une forcé prodigieuse à une valeur à toute épreuve : mais il étoit encor plus orgueilleux. Il n'avoit jamais été vaincu dans aucun combat singulier, et pour trophée de ses victoires, lorsqu'il avoit terrassé un homme, il lui enlevoit la barbe. Il falloit qu'il eut bien remporté des victoires, puisqu'il en avoit rassemblé un assez grand nombre, pour fabriquer un manteau, auquel, comme sa lettre le portoit, il ne manquoit qu'une agraphe.

On avoit préparé les lices, et le soleil fut à peine levé, que les deux champions s'y rendirent. Artus portoit des armes excellentes, il avoit à son côté escalibor, et montoit le gringallet de Gauvain. Ryon n'étoit ni aussi bien armé, ni monté avec autant d'avantage, cependant le combat fut terrible, et la victoire disputée. Le sang couloit à travers leurs armes brisées en plusieurs endroits ; mais Artus, qu'une résistance aussi opiniâtre impatientoit, prit son épée à deux mains, et en porta sur la tête de son adversaire un coup effroyable. Celui-ci mit son épée au-devant, mais elle fut coupée en deux, le casque brisé, et il reçut une large blessure à la tête qui le fit chanceler.

Ah! parbleu, s'écria Gauvain, *si personne ne touche la barbe de Monseigneur mon oncle, autre que celui-ci, il pourra la garder longtems.* En effet, Artus le pressa si vigoureusement qu'il le renversa et lui fit sauter la tête d'un seul coup.

Il fut assez longtems à guérir de ses blessures, après quoi il retourna à Logres avec toute sa cour. Les plaisirs de l'amour avoient succédé aux fatigues de la guerre; les Chevaliers n'étoient occupés qu'à plaire aux dames; mais la fortune ne les souffrit pas longtemps dans cet état de molesse.

Merlin prévint le Roi qu'il alloit s'éloigner pour quelque tems, » qu'un orage grondoit dans le » lointain, *que le lyon, fils de l ours,* » *et engendré du léopard, faisoit dé-* » *jà entendre des rugissemens ;* que » cependant il se passeroit bien » du tems avant que les grands » malheurs arrivassent, et qu'il » reviendroit à tems pour en em- » pêcher une partie, qu'il ne pou- » voit s'expliquer plus claire- » ment. Au même instant, il » disparut, et prit sa route vers » la mer.

Le sujet de ce voyage de Merlin, étoit assez singulier. Un Roi de Jérusalem avoit fait un songe allarmant, dont il désiroit avoir l'explication que celui-ci alloit ui donner.

Au moment où le Conseil assemblé s'occupoit de cette affaire importante, l'enchanteur se transporta dans la salle, là, sans que personne put le voir, il s'exprima ainsi.

» Roi de Jérusalem, les deux
» dragons à deux têtes, qui ont
» enlevé la reine et toi, sont deux
» Princes Chrétiens qui attaque-
» ront tes états et vous feront
» prisonniers; vous obtiendrez en-
» suite votre liberté en embras-
» sant leur religion ; mais les Ba-
» rons du Royaume, furieux de
» votre changement, vous atta-
» queront dans votre Palais, y
» mettront le feu, et vous y se-
» rez consumés ; votre réputation
» n'en deviendra que plus glo-
» rieuse, et ce vent extraordi-
» naire, qui disperse vos cen-

» dres sur toute la terre, désigne » votre postérité, assise sur le » trône d'un grand nombre d'é- » tats puissans. »

Il laissa tout le monde saisi d'étonnement et de crainte, et reprit le chemin de la Grande Bretagne : il se rendit à Logres, après avoir visité son ami Blaise, et passé quelques jours auprès de sa chère Vivianne.

La cour d'Artus étoit nombreuse et brillante, parce que ce Monarque tenoit sa cour plénière. A la vue de Merlin, un cri de joye se fit entendre, et tout autre plaisir cessa, pour ne s'occuper que de lui ; mais on fut bientôt distrait par une avanture singulière.

On vit paraître à la porte de la salle, une jeune demoiselle, d'une rare beauté, qui conduisoit par les resnes, un superbe cheval sur lequel étoit monté un nain d'une figure hydeuse, et le plus contrefait qu'on eut encor vu. Il avoit à peine deux pieds de hauteur, ses jambes étoient cagneuses; une bosse énorme s'élevoit sur ses épaules et cachoit sa tête entièrement, tandis qu'une barbe rousse lui descendoit jusqu'à terre. Ses yeux très-petits, mais extrêmement brillans, étoient ombragés par d'épais sourcils noirs. Ajoutez à cela une bouche trés-grande, un teint bazanné, et une mine dure et orgueilleuse, et vous aurez une idée de cette espèce de monstre.

La Demoiselle s'empressa de tenir son étrier lorsqu'il voulut descendre, et lui présenta la main pour le conduire dans la salle. De longs éclats de rire se firent entendre, et redoublèrent encor, en voyant la mine furibonde du nain.

Treulx, le Sénéschal, chez lequel la plaisanterie étoit un besoin, paroissoit le plus animé. Charmante demoiselle, lui dit-il, comment avez-vous pu vous résoudre à produire un pareil bijou dans cette cour, où il y a tant de jolies dames, vous deviez craindre, sans doute, que quelqu'une en devînt amoureuse, et ne vous l'enlevât, ou qu'un de nos Chevaliers, en passant auprès de lui, ne le cachât sous un coin de son manteau et ne le fît disparoître.

Ni toi, ni aucun de tes semblables, reprit la demoiselle en fixant le Sénéschal d'un air fâché, n'oseriez n'oseriez le provoquer, s'il étoit armé Chevalier ; il est certes bien en état de faire repentir tout mauvais plaisant qui s'attaqueroit à lui ; garde toi de l'éprouver.

Sire, continua-t-elle, en se tournant vers Artus ; le bruit de votre valeur et de vos vertus, nous a conduit à votre cour, pour vous prier de conférer à ce damoisel l'ordre de Chevalerie ; il en est digne par sa naissance, étant destiné à porter la couronne plusieurs Souverains se seroient trouvés honorés qu'il les eut choisis, mais il a voulu vous donner la préférence. Si vous nous accordez cette grâce, ne différez pas davantage, des affaires pressantes nous appellent ailleurs.

Artus l'assura qu'il s'acquitteroit avec plaisir de cette cérémonie; aussitôt on vit entrer quatre écuyers, portant un coffre duquel ils tirèrent une armure complette de la plus grande beauté, et proportionnée à sa taille; l'épée seule paroissoit beaucoup trop grande et trop pesante. Après l'en avoir revêtu, ils présentèrent deux éperons d'or que Treulx saisit, et comme le personnage ne lui en imposoit pas, il se mit en devoir de les lui attacher, et de lui donner l'accolade.

Qu'est-ce que ceci, s'écria la demoiselle en le repoussant avec force, et se tournant vers le Roi, ne m'avez vous pas promis, Sire, que ce seroit de vos mains qu'il recevroit l'ordre. - Certainement, mon entention n'est pas d'y manquer. En même tems il lui donna l'accolade et lui attacha l'éperon droit. C'est à vous, damoiselle ma mie, lui dit-il ensuite, qu'appartient de lui ceindre l'épée, et d'attacher l'autre éperon, si desirez que ce Chevalier soit vôtre.

Hélas! reprit-elle, je n'oserais me flatter qu'il voudra bien m'accorder cette faveur, à moins que vous même ne l'en priez. La surprise redoubla en voyant l'humilité de la demoiselle; ah! dieu, disoient les assistans, quand elle ne seroit qu'une simple bergère et lui un puissant monarque, ne devroit-il pas être trop flatté de l'amour d'une *aussi gente pucelle*. Apparemment, il ne la refusa pas, du moins l'histoire n'en dit rien.

La cérémonie terminée, le nouveau Chevalier et sa mie sortirent de la sale, on amena au premier un superbe cheval de bataille, sur lequel il sauta avec tant de légéreté, que tout le monde en fut surpris.

Chacun faisoit ses réfléxions sur cette avanture, lorsque Merlin redoubla l'étonnement. Ce Chevalier, qui vous paroit si chétif, est cependant un des plus redouredoutables guerriers de l'univers, Dieu vous préserve de jamais éprouver jusqu'ou il porte la valeur et la force. Il est vrai que cette forme ne lui est par naturelle, elle est l'effet de la vengeance d'une magicienne ; il ne tardera pas à la perdre, et vous le reverrez quelque jour ici ; mais une affaire plus importante va nous occuper.

En effet, on vit paroître à l'entrée de la salle, douze hommes de la plus haute apparence, se tenant deux à deux par la main, et portant chacun des rameaux d'olivier.

Roi de la Grande Bretagne, lui dirent-ils, sans le saluer, nous t'apportons une lettre du puissant Lucas, Empereur de Rome, qui contient ses ordres, la voici : nous attendrons la réponse. Artus la prit et la remit à l'Archevêque Brice, qui seul pouvoit l'expliquer. Voici ce qu'elle contenoit.

» Tu n'ignore pas, Artus, que
» le puissant Jules César conquit
» ton Royaume, et le réduisit en
» province Romaine, je prétends
» faire valoir ce droit, à moins
» que tu ne te reconnoisse mon
» vassal, et ne consente à me
» payer un tribut. Si tu connois
» assez peu tes intérêts pour re-
» fuser cet avantage, je marche-

» rai contre toi, à la tête de mes
» armées, et je te ferai subir un
» châtiment auquel nulle puis-
» sance humaine ne pourra te sous-
» traire ».

Cette insolente missive excita l'indignation de tout le monde, après quelques délibérations, on fit entrer les messagers, auxquels Artus répondit de vive voix » que
» l'Empereur de Rome n'avoit
» pas réussi, si son intention étoit
» de l'intimider, que les menaces
» ne convenoient qu'à des brava-
» ches et à des femmes; qu'il lui
» porteroit une autre réponse jus-
» ques dans Rome, à la tête de
» son armée; qu'il n'auroit qu'à
» suivre pour cela la route que
» lui avoient tracés Brennus,
» Maximin, et enfin Constantin;
» que trois conquêtes donnoient

» plus de droits qu'une seule ;
» qu'il ne l'attendroit pas long-
» tems, et qu'il éprouveroit com-
» bien il étoit dangereux de l'a-
» voir pour ennemi ».

CHAPITRE XXXIII.

DÉBARQUEMENT dans les Gaules ; combat d'Artus contre le Jayant ; qui est tué.

MERLIN, qui connoissoit l'avenir, avoit déjà tout disposé pour une vigoureuse attaque. Les alliés étoient prévenus, et leurs troupes en marche vers la petite Bretagne, où étoit le rendez-vous. En peu de tems l'armée combinée fut en état de passer la mer, ce fut aux environs du Mont Saint-Michel, que le débarquement s'effectua.

Ce canton étoit dévasté par un monstre épouvantable, qui réunissoit en lui seul la force et la cruauté de tous les autres. Il avoit la tête et les bras d'un géant, des ailes de dragons dont il se servoit pour fendre les airs, la queue d'un serpent avec laquelle il enlaçoit sa proye, les pieds de derrière semblables à ceux d'un tigre, et armés de griffes longues et tranchantes. Son corps étoit couvert d'un long poil noir, impénétrable aux meilleurs armes. Enfin, l'histoire ne cite aucun animal qui puisse lui être comparé.

Artus qui ne laissoit passer aucune occasion d'acquérir de la gloire, saisit celle-ci avec avidité. Il s'avança au pied de la montagne, accompagné seulement de Treulx, et de deux écuyers. Ils virent alors qu'elle se divisoit en deux parties, séparées par un précipice d'une profondeur terrible. On remarquoit sur chacun de ces deux sommets un grand feu allumé, ce qui rendoit le Roi incertain sur la route qu'il devoit prendre. A tout hasard, il se détermina pour celle de la gauche, et après avoir gravi pendant deux heures, il se trouva auprès du feu; mais au lieu d'y trouver le monstre, il n'y avoit qu'une femme âgée qui paroissoit en proye à la plus grande douleur, et dont les habits étoient en lambeaux.

Artus lui demanda où il pourroit trouver le jayant pour le combattre, et par quel hazard elle se trouvoit dans cet endroit. Hélas! reprit-elle en soupirant, vous ne l'attendrez pas longtems, voici l'heure à laquelle il a coutume de venir. Il est sur l'autre sommet, occupé à faire rotir un bœuf pour son repas ; de grâce, fuyez avant qu'il vous apperçoive, n'entreprenez pas un combat dans lequel il est impossible que vous résistiez, fussiez-vous accompagné de cinquante autres.

La vieille voyant que le Roi étoit déterminée à tenter les hazards du combat, le pria de s'assoir auprès d'elle, et lui raconta ce qui suit :

» Il y a huit jours, je me pro-
» menois dans une forêt assez
» éloignée d'ici, avec une jeune
» personne, dont les parens m'a-
» voient confié l'éducation. Nous
» pensions n'avoir rien à redou-
» ter, lorsque nous vîmes tout à
» coup paroître le monstre. Nous
» voulumes fuir, mais il nous eut
» bientôt atteint, et nous saisis-

» sant de ses bras nerveux, il nous
» transporta à travers les airs sur
» cette montagne. Malheureuse-
» ment les charmes de ma jeune
» élève le rendirent sensible ; elle
» ne put résister à ses épouvan-
» table caresses et expira dans ses
» bras; plus malheureuse qu'elle,
» j'y ai survêcu , et j'attends à
» tout moment une mort préfé-
» rable cent fois à une pareille
» existance. Vous pouvez voir à
» quelques pas d'ici le tombeau
» qu'il a élevé à mon infortuné
» compagne ».

La vieille finissoit son récit, lorsqu'un bruit terrible se fit entendre. C'étoit le monstre, qui, ayant apperçu Artus, arrivoit, dévoré par la jalousie et la soif de la vengeance. Il portoit pour arme un gros arbre dont il avoit fait une massue. Le Roi fut un peu surpris de sa grandeur et de sa férocité. Il se mit en deffence, et eut le bonheur d'éviter le premier coup qu'il lui porta. Il fut plus heureux, et l'ateignit d'un coup sur la hanche, croyant le partager en deux, ou dumoins lui faire une blessure dangereuse, mais l'épée rebondit, et coupa à peine une partie du poil qui le couvroit. Cependant la douleur lui arracha un cri, et il releva sa massue, espérant mieux ajuster cette fois ; mais Artus, par sa légèreté, rendoit tous ces coups inutiles, et bien lui en prenoit, car un seul l'auroit réduit en poudre ; les siens étoient plus surs, mais il ne pouvoit faire couler son sang.

Enfin, voulant essayer si la

tête du géant étoit aussi impénétrable que le reste du corps, il saisit le moment où un coup à faux l'avoit fait incliner, pour le frapper sur cette partie. Quelque dure quelle fut, l'épée lui fit une large blessure, d'où le sang coulant à grands flots l'aveugloit, et il étoit obligé de l'essuyer à tout moment. Artus en profitoit pour redoubler ses attaques: il lui fit par ce moyen un grand nombres de blessures, surtout une à l'épaule qui l'obligea de lâcher sa massue.

Le monstre désarmé se jetta sur son adversaire et le saisit au corps. Cette lutte terrible les mettoit à chaque instant en danger de rouler dans les précipices qui entouroient la plate forme, et les bras nerveux du Jayant, malgré la perte de son sang, serroient le Roi avec tant de force qu'il en perdoit la respiration. Celui-ci avoit abandonné son épée ; mais il se mit à lui frapper le visage avec son gantelet de fer, l'obligea de lâcher prise, et dans le moment où il se baisssit pour reprendre son arme, il lui déchargea son épée sur le derrière du cou, avec tant de force qu'il en coupa plus de moitié, et le fit tomber par terre, où il acheva de lui trancher la tête.

Treulx et ses compagnons accoururent vers lui, considérant l'animal avec une surprise mêlée de frayeur, ils précipitèrent le le corps dans le bucher où il fut réduit en cendres, et ils reprirent le chemin du camp, emportant la tête ; et accompagnés de la vieille. Cette victoire ajouta encore à la gloire du Roi.

Après quelques jours de repos, l'armée se mit en marche, et l'on apprit bientôt que les ennemis occupoient les bords de l'Aube. Celle de Bretagne n'étoit que d'environ cent mille, dont soixante - dix mille Chevaliers, mais elle étoit composée de soldats aguéris, bien armés, et commandée par une foule de héros.

Artus assembla un conseil de guerre dans lequel il fut résolu d'envoyer à Lucas une ambassade pour lui signifier des prétentions qui ne le cédoient pas aux siennes. On choisit des hommes plus recommandables par leur valeur que par leur prudence ; et bien propres à pousser les choses à l'extrême.

Gauvain

Gauvain, Yvain et Sagremors, nommés pour cet emploi, partirent dès le jour même, accompagnés seulement de leurs écuyers. Ils arrivèrent le lendemain dans le camp des Romains, où s'étant annoncés comme ambassadeurs, on les conduisit à la salle du conseil.

» Lucas, dit Gauvain, qui portoit la parole, le puissant Artus, Roi de la Grande Bretagne, par succession, et Empereur de Rome, par droit de conquête, t'ordonne par ma voix, de cesser de prendre ce titre, de te reconnoître son vassal, et de lui remettre à l'instant les villes, les trésors et les forces de l'Empire, si tu ne veux qu'il te puuisse comme rebelle à ton Souverain ».

L'Empereur resta muet de colère et de surprise, mais un de ses neveux, s'avançant au milieu de la salle, on sait, dit-il à Gauvain, que les Bretons sont aussi lâches qu'insolens, mais en attendant que celui qui t'envoye reçoive la punition qu'il mérite, tu apprendras à tes dépends qu'on n'insulte pas impunément un homme comme Monseigneur.

Ce ne sera pas toi, s'écria Gauvain en tirant son épée et lui faisant sauter la tête d'un seul coup, ce ne seras pas toi qui me puniras.

Un cri d'indignation retentit dans toutes les parties de la salle, et chacun s'empressa de le venger, mais les Chevaliers s'ouvrirent un chemin jusqu'à leurs chevaux, sur lesquels ils sautèrent, et sortirent du camp avant qu'on put es arrêter.

Aussitôt les plus braves les poursuivirent, et le nombre en fut si grand qu'ils auroient succombé, si Artus, qui n'avoit pas beaucoup de confiance dans leur modération, n'avoit envoyé un corps de sept mille hommes pour les soutenir.

Le combat s'engagea, et chacun recevant des renforts à chaque instant, la bataille devint presque générale; cependant les Romains eurent du désavantage et furent repoussés jusques dans leur camp.

Dès le lendemain, Artus s'approcha avec toute son armée, pour leur présenter la bataille, mais l'Empereur, qui avoit perdu beaucoup de monde, et qui vit ses troupes découragées, fit sa retraite jusques sous les murs de

Langres, où les Bretons l'attaquèrent deux jours après.

Le combat s'engagea, et bientôt devint général. On se battit avec un acharnement sans exemple pendant plus de douze heures ; mais les Romains furent deffaits à platte-couture; l'Empereur et la plus grande partie des généraux restèrent sur le champ de bataille, à peine un dixième des soldats put-il échapper par la fuite.

Artus résolut de profiter de cette victoire ; après avoir fait reposer son armée pendant deux jours il poursuivit sa route vers l'Italie, qu'il vouloit conquérir.

CHAPITRE XXXIV.

Combat d'Artus contre un chat sauvage ; suite de l'aventure du Roi Boors avec la belle Chatelaine des Mares, mort de Leodagan ; retour d'Artus, enchantement de Merlin. Metamorphose de Gauvain en nain ; il parle à Merlin et reprend sa figure peu-après.

Le troisième jour, l'armée campa sur les bords d'un lac, situé au pied d'une haute montagne. Sire, dit Merlin au Roi, cette montagne présente une avanture digne de vous. Un animal féroce l'habite depuis quelque tems, et dévaste toute la contrée ; voici son origine.

» Un pêcheur pauvre, vivoit
» avec peine du produit de son
» travail. Dieux, disoit-il un
» jour, avant de jetter ses filets,
» si ma pêche est heureuse, je
» fais vœu de porter le plus beau
» poisson aux religieux qui habi-
» tent le couvent voisin. Ses dé-
» sirs furent accomplis, il prit un
» superbe poisson ; mais réflé-
» chissant que du produit de sa
» vente, il nourriroit sa famille
» plusieurs jours ; jettons nos fi-
» lets une seconde fois, dit-il,
» mon offrande aura lieu cette
» fois ci. Il fut encore plus heu-
» reux, et son poisson plus gros
» que le premier ; enfin, son ava-
» rice croissant en proportion de
» son bonheur, il remettoit tou-
» jours au coup de filet suivant.
Mais le ciel l'en punit d'une

» manière terrible. Au dernier
» coup, il ne retira qu'un petit
» animal ressemblant à un chat.

» Parbleu, disoit-il en s'en al-
» lant, ce n'est pas entièrement
» avoir perdu ma peine ; j'éleve-
» rai cette petite bête, qui pur-
» gera ma maison de tous les ani-
» maux nuisibles : bientôt il gran-
» dit d'une manière prodigieuse,
» et une nuit, il se jetta sur lui,
» l'étrangla lui et toute sa fa-
» mille, et s'enfuit dans la mon-
» tagne, où il commit les plus
» grands dégats ».

Artus, résolu de le combattre
se rendit dès le lendemain, dans
le lieu qu'il habitoit. L'animal
qui avoit l'odorat excellent, le
découvrit aussitôt, et se glissant
à travers les broussailles, s'élança
sur lui avec la rapidité de l'é-

clair. Heureusement celui-ci eut le tems de lui opposer son bouclier, contre lequel il se heurta si violemment, qu'il retomba tout étourdi, en faisant reculer le Roi plus de dix pas. A l'instant il se releva plus furieux, et se glissant le long de la cuirasse, s'accrocha aux épaulières dans lesquels il faisoit entrer ses ongles tranchans, tandis qu'avec ses dents il s'efforçoit de briser le casque. Le Roi n'eut d'autre ressource que de le frapper avec le pommeau de son épée, il l'étourdit et l'obligea de se jetter par terre ; mais il s'élança de nouveau ; un coup d'épée lui trancha les deux pates de devant. Cela ne l'empêcha pas de se cramponner au haubert avec celles de derrière, et il y resta pendu par les pieds. Artus les lui trancha aussi et d'un autre coup, lui partagea le corps en deux parties.

Gauvain et d'autres Chevaliers, qui avoient été spectateurs du combat, prirent les quatre pieds et la tête, et les emportèrent au camp, pour servir de monument de la victoire du Roi. Ce fut à cette occasion que la montagne, qui avoit porté jusque là le nom de *Mont du Lac*, le quitta pour prendre celui de *Mont du Chat*.

Le Romancier rappelle ici la suite de l'avanture de Boors au Château des Mâres. Quelque tems après, dit-il, un Baron puissant nommé Louador, vint demander l'hospitalité au chatelain. Il fut enchanté de la beauté de sa fille, et le lendemain il la demanda en mariage à son pere.

Celui-ci, qui trouvoit dans Louador, un parti beaucoup plus avantageux qu'il n'auroit osé l'espérer, lui engagea sa parole, et fut faire part à sa fille de la demande du Baron, en lui faisant valoir tous les avantages qu'elle retireroit d'une pareille alliance.

Il ne fut pas médiocrement surpris, lorsqu'elle répondit avec fermeté, que ce qu'il lui proposoit étoit impossible, puisqu'elle avoit déjà donné son cœur à un autre, et qu'elle portoit dans son sein un gage de l'amour et de la foi qu'elle lui avoit jurée.

Gravaudain étoit un bon homme, facile, et peu ambitieux ; sa fille obtint non-seulement le pardon de sa faute, mais encore la promesse qu'il ne la contraindroit jamais.

Dans le fond, disoit-il, qu'ai-je besoin de me séparer de ma fille, qui fait ma consolation ; je la mariois pour avoir des héritiers, elle y a pourvu elle-même ; eh ! bien, tant mieux, elle a choisi un brave Chevalier, son fils tiendra sûrement du père ; je le formerai moi-même aux armes, il deviendra célèbre.

Plein de cette idée, il revint auprès de Louador, auquel il dit que l'inclination de sa fille ne s'accordant pas avec son choix, il étoit obligé de retirer sa parole.

Le Baron, orgueilleux comme tous ceux de son espèce, ne croyoit pas essuyer le refus d'un homme qui devoit se trouver honoré de son alliance, il jura de s'en venger, et partit dès le jour même. Ce ne fut cependant pas pour longtems, il revint à la tête d'une petite armée, avec laquelle il bloqua le château. Nous avons dit qu'il étoit imprenable, aussi les assiégeans furent bientôt las de ce siège. Louador demanda le combat, à condition d'obtenir l'objet de ses desirs s'il étoit vainqueur, ou de se retirer s'il étoit vaincu. L'évènement ne lui fut pas favorable, et il fut obligé de renoncer à ses prétentions.

Artus continuoit sa route vers les Alpes, il étoit prêt à les traverser, lorsqu'il reçut la nouvelle de la mort de son beau-père Léodagan. Merlin lui conseilla de s'en retourner, et quelque tems après il descendit dans la Grande Bretagne, où la majeure partie des Chevalliers de sa cour le quitta pour retourner chacun dans son pays, Merlin lui-même lui fit ses adieux.

» Sire lui dit-il, je sens que
» mon heure approche, et bien-
» tôt le monde entier ne sera plus
» rien pour moi. Ne vous laissez
» pas accabler par l'adversité,
» soyez en garde contre les flat-
» teurs, punissez sévèrement les
» traîtres et les calomniateurs,
» qui vous méneront à deux doits
» de votre perte. Rendez heureux
» les peuples qui vous obéissent,
» ménagez les, défendez les con-
» tre ceux qui veulent les op-
» primer, qu'ils trouvent en vous
» un père, un bienfaiteur, un
» ami. Évitez la guerre, c'est le
» plus terrible des fléaux : pro-
» tégez les arts ; faites respecter
» la religion, c'est le lien qui unit
» les peuples au Souverain, mais

» évitez le fanatisme et la sup-
» perstition, qui sont les fléaux
» de l'humanité ; poursuivez les
» comme les monstres les plus
» dangereux ».

Après ces mots, il disparut. Il se rendit auprès de Vivianne, dont il avoit résolu de ne plus se séparer.

Rien d'aussi impénétrable que le cœur d'une femme. Celle-ci le reçut avec plus de démonstrations d'amour que jamais ; cependant elle méditoit d'employer la force pour le retenir, elle n'ignoroit pas qu'elle l'entreprendroit vainement, s'il n'y consentoit : voici comment elle s'y prit.

» Mon cher Merlin, lui dit-
» elle, quel bonheur de se voir
» continuellement, de n'être ja-
» mais séparés, surtout de n'a-

» voir pas à craindre l'œil cu-
» rieux des importuns ; ah ! plut-
» à-Dieu vous avoir inspiré as-
» sez de tendresse pour nous
» suffire l'un à l'autre. — Eh !
» bien, ma chère Vivianne, qui
» nous empêche de prendre ce par-
» ti ; je connois, dans la forêt de
» Nort-Galles, un endroit tel-
» lement écarté, que personne ne
» viendra nous y troubler. — Par-
» tons donc, il me tarde de réali-
» ser mon projet ; nous rendrons
» ce lieu agréable.... eh ! pour-
» roit-il ne le pas être lorsque
» vous y serez «.

En un instant ils y furent arrivés, et Merlln chargea Vivianne de tous les détails de l'enchantement. Elle lui donna tant
de force, et fit dépendre sa des-
truction de circonstance si biza-

res, qu'il étoit impossible, qu'elles ne se rencontrassent jamais ; elle seule se réserva la faculté de franchir les obstacles qu'elle avoit créés.

Blaise voyant le tems que l'enchanteur avoit fixé pour son retour, révolu depuis longtems, imagina devoir s'acquitter de ses derniers ordres. Il plaça donc, à tous les carrefours de la forêt, l'inscription que nous avons vue ailleurs.

Artus tenoit sa cour plénière à Logres, au milieu d'une inombreuse troupe de Chevaliers, lorsque cette nouvelle y parvint. Le Roi tint un grand conseil auquel tout le monde fut admis.

« Seigneurs, leur dit-il, Mer-
» lin, dont chacun de nous con-
» serve prétieusement le Souve-
» nir ; notre protecteur, notre
am

» ami, languit dans les liens d'un
» enchantement; il a besoin de no-
» tre secours; quel est celui d'en-
» tre nous qui voudroit le lui re-
» fuser; quand à moi, je regarde-
» rai comme couard et cheuf, ce-
» lui qui refusera de sacrifier une
» année entière à sa recherche ;
» j'exige de plus que chacun s'en-
» gage à revenir ici, lorsque le
» tems convenu sera révolu, pour
» y faire part de ce qu'il aura dé-
» couvert ».

Gauvain fut un des premiers qui entreprirent cette quête. Parvenu au milieu d'une vaste forêt, il délivra une jolie demoiselle, que poursuivoient deux Chevaliers, tandis que six brigands vouloient assassiner son amant, qui étoit le même nain dont nous avons parlé, qui se défendoit

II Partie. V

comme un lion contre ses ennemis.

Après cette action, il les quitta pour continuer sa recherche. Il étoit tellement absorbé dans ses pensées, qu'il passa auprès d'une jeune personne, sans la saluer. Cette demoiselle étoit une grande magicienne, très-coquette, et tellement prévenue de ses charmes, qu'elle imaginoit qu'on ne pouvoit la voir sans en devenir amoureux. Ah! Chevalier grossier, lui cria-t-elle, tu as sûrement été élevé au milieu des glaces du Nord, mais tu porteras la peine due à ton impolitesse.

Gauvain, toujours honnête pour les dames, fut surpris de cette apostrophe. Il revint sur ses pas, et fit à la demoiselle les excuses les plus humbles, en la priant de lui pardonner. — Ce n'étoit pas mon intention d'abord, lui repondit-elle, un peu radoucie, mais je veux bien me laisser fléchir; arme-toi de patience, subis ton sort sans murmurer, mais tu prendras la figure du premier homme que tu rencontreras.

Malheureusement, le nain qui n'avoit pas encore quitté la forét, parut à quelque distance de lui Ah ! ciel, s'écria douloureusement Gauvain, serais-je destiné à une pareille métamorphose; il ne se trompoit pas. Quelques instans après, il sentit tout son corps se racourcir; son armure lui devint si incommode, qu'il fut obligé de la quitter.

S'étant endormi un moment après, il fut surpris de ne plus la trouver; mais à la place étoient d'autres proportionnées à sa taille ; il ne lui restoit que sa bonne épée et son cheval. Heureusement il avoit conservé toute sa force et sa légèreté. Il sauta en selle, et continua sa route, en faisant les plus tristes réfléxions.

L'année de sa quête étoit presque révolue, lorsqu'une dame parut devant lui. Gauvain, lui dit-elle, tu t'éloigne de ce que tu cherche, c'est dans a forêt de Nort-Galles, que tu dois aller.

Il obéit et la parcourut jusque dans les endroits les plus reculés ; enfin, il parvint auprès d'une espèce de brouillard, qu'il voulut franchir. Il fut surpris de ne pouvoir y réussir, un mur de diamans n'auroit pas opposé plus de résistance. Il étoit prêt à s'en retourner lorsqu'une voix se fit entendre.

« Tu te tourmente envain, mon
» cher Gauvain, pour franchir un
» obstacle que toutes les forces
» humaines ne pourroient vaincre.
» — Eh! qui êtes vous donc, vous
» que mon affreuse métamorphose
» n'empêche pas de me recon-
» noître. — Quoi donc, ma voix ne
» peut-elle aller jusqu'à ton cœur?
» Ah! Gauvain, combien la cour
» des Rois doit être pestilentielle,
» si tu méconnois Merlin. — Mon
» cher protecteur, pourriez vous
» former un pareil doute, lorsque
» depuis un an je vous cherche?
» — Pardon, mon ami, le mal-
» heur aigrit le caractère ; que
» ne puis-je t'embrasser... Mais
» cette consolation m'est inter-
» dite ; rappelle toi que c'est par
» l'adversité que la vertu s'épu-
« re. J'ignore combien de tems

» durera ma captivité, quand à
» toi, tu trouveras le remède dans
» la source même de tes maux.
» Apprends au Roi que ses ef-
» forts sont inutiles pour ma dé-
» livrance. Adieu, il ne m'est pas
» permis de t'en dire davantage.

Gauvain obéit, et reprit tristement le chemin pour sortir de la forêt. Il marchoit absorbé dans les réfléxions les plus douloureuses, lorsque des cris perçans se firent entendre à peu de distance, et le tirèrent de sa rêverie. Il piqua son cheval de ce côté, et vit une femme, demie nue, les cheveux épars, que six Chevaliers maltraitoient.

Les provoquer par un cri, les attaquer et en jetter deux sur le carreau, très-blessés, ne fut que l'affaire du moment. Les quatre autres se deffendirent, mais ils n'auroient pu résister, lorsqu'à son grand étonnement, la demoiselle maltraitée lui demanda grâce et se fit reconnoître pour la magicienne qui l'avoit métamorphosé.

C'est assez, lui dit-elle, Gauvain, je suis contente de toi, continue ta route, tu ne tarderas pas à voir tes desirs satisfaits. En même tems elle s'éloigna, et se perdit à travers les arbres.

Peu après, le fils de Loth se trouva fatigué. Il descendit de cheval et s'assit au pied d'un arbre où il se laissa aller au someil. Sa joye ne pourroit s'exprimer, en se trouvant à son réveil le même qu'il avoit toujours été, mais elle fut à son comble en retrouvant ses bonnes armes, qui formoient un trophée suspendu à un arbre, en face de lui.

Il se rendit à la cour du Roi, où il étoit attendu impatiemment. Sire, lui dit-il, j'ai parlé à Merlin, mais aucun homme ne peut le voir ; lui-même ignore si sa captivité aura un terme, il m'a ordonné de vous dire que toute tentative pour le délivrer, seroit inutile.

Nous le verrons dans la troisième partie reparoître sur la scène.

FIN de la seconde Partie.

www.ingramcontent.com/pod-product-compliance
Lightning Source LLC
Chambersburg PA
CBHW070611160426
43194CB00009B/1250